"十二五"国家重点图书出版规划项目

文化系列

首都师大附中史话

A Brief History of Capital Normal University High School

艾 群 编著

社会科学文献出版社
SOCIAL SCIENCES ACADEMIC PRESS (CHINA)

总　序

　　中国是一个有着悠久文化历史的古老国度，从传说中的三皇五帝到中华人民共和国的建立，生活在这片土地上的人们从来都没有停止过探寻、创造的脚步。长沙马王堆出土的轻若烟雾、薄如蝉翼的素纱衣向世人昭示着古人在丝绸纺织、制作方面所达到的高度；敦煌莫高窟近五百个洞窟中的两千多尊彩塑雕像和大量的彩绘壁画又向世人显示了古人在雕塑和绘画方面所取得的成绩；还有青铜器、唐三彩、园林建筑、宫殿建筑，以及书法、诗歌、茶道、中医等物质与非物质文化遗产，它们无不向世人展示了中华五千年文化的灿烂与辉煌，展示了中国这一古老国度的魅力与绚烂。这是一份宝贵的遗产，值得我们每一位炎黄子孙珍视。

　　历史不会永远眷顾任何一个民族或一个国家，当世界进入近代之时，曾经一千多年雄踞世界发展高峰的古老中国，从巅峰跌落。1840 年鸦片战争的炮声打破了清帝国"天朝上国"的迷梦，从此中国沦为被列强宰割的羔羊。一个个不平等条约的签订，不仅使中国大量的白银外流，更使中国的领土一步步被列强侵占，国库亏空，民不聊生。东方古国曾经拥有的辉煌，也随着西方列强坚船利炮的轰击而烟消云散，中国一步步堕入了半殖民地的深渊。不甘屈服的中国人民也由此开始了救国救民、富国图强的抗争之路。从洋务运动到维新变法，从太平天国到辛亥革命，从五四运动到中国共产党领导的新民主主义革命，中国人民屡败屡战，终于认识到了"只有社会主义才能救中国，只有社会主义才能发展中国"这一道理。中国共产党领导中国人民推倒三座大山，建立了新中国，从此饱受屈辱与蹂躏的中国人民站起来了。古老的中国焕发出新的生机与活力，摆脱了任人宰割与欺侮的历史，屹立于世界民族之林。每一位中华儿女应当了解中华民族数千年的文明史，也应当牢记鸦片战争以来一百多年民族屈辱的历史。

当我们步入全球化大潮的21世纪，信息技术革命迅猛发展，地区之间的交流壁垒被互联网之类的新兴交流工具所打破，世界的多元性展示在世人面前。世界上任何一个区域都不可避免地存在着两种以上文化的交汇与碰撞，但不可否认的是，近些年来，随着市场经济的大潮，西方文化扑面而来，有些人唯西方为时尚，把民族的传统丢在一边。大批年轻人甚至比西方人还热衷于圣诞节、情人节与洋快餐，对我国各民族的重大节日以及中国历史的基本知识却茫然无知，这是中华民族实现复兴大业中的重大忧患。

中国之所以为中国，中华民族之所以历数千年而不分离，根基就在于五千年来一脉相传的中华文明。如果丢弃了千百年来一脉相承的文化，任凭外来文化随意浸染，很难设想13亿中国人到哪里去寻找民族向心力和凝聚力。在推进社会主义现代化、实现民族复兴的伟大事业中，大力弘扬优秀的中华民族文化和民族精神，弘扬中华文化的爱国主义传统和民族自尊意识，在建设中国特色社会主义的进程中，构建具有中国特色的文化价值体系，光大中华民族的优秀传统文化是一件任重而道远的事业。

当前，我国进入了经济体制深刻变革、社会结构深刻变动、利益格局深刻调整、思想观念深刻变化的新的历史时期。面对新的历史任务和来自各方的新挑战，全党和全国人民都需要学习和把握社会主义核心价值体系，进一步形成全社会共同的理想信念和道德规范，打牢全党全国各族人民团结奋斗的思想道德基础，形成全民族奋发向上的精神力量，这是我们建设社会主义和谐社会的思想保证。中国社会科学院作为国家社会科学研究的机构，有责任为此作出贡献。我们在编写出版《中华文明史话》与《百年中国史话》的基础上，组织院内外各研究领域的专家，融合近年来的最新研究，编辑出版大型历史知识系列丛书——《中国史话》，其目的就在于为广大人民群众尤其是青少年提供一套较为完整、准确地介绍中国历史和传统文化的普及类系列丛书，从而使生活在信息时代的人们尤其是青少年能够了解自己祖先的历史，在东西南北文化的交流中由知己到知彼，善于取人之长补己之短，在中国与世界各国愈来愈深的文化交融中，保持自己的本色与特色，将中华民族自强不息、厚德载物的精神永远发扬下去。

《中国史话》系列丛书首批计200种，每种10万字左右，主要从政治、经济、文化、军事、哲学、艺术、科技、饮食、服饰、交通、建筑等各个方面介绍了从古至今数千年来中华文明发展和变迁的历史。这些历史不仅展现了中华五千年文化的辉煌，展现了先民的智慧与创造精神，而且展现了中国人民的不屈与抗争精神。我们衷心地希望这套普及历史知识的丛书对广大人民群众进一步了解中华民族的优秀文化传统，增强民族自尊心和自豪感发挥应有的作用，鼓舞广大人民群众特别是新一代的劳动者和建设者在建设中国特色社会主义的道路上不断阔步前进，为我们祖国美好的未来贡献更大的力量。

陈奎元

2011 年 4 月

出版说明

自古至今，始终坚持不懈地从漫长的文明进程中不断总结历史经验教训，从中汲取有益营养，从而培植广阔的历史视野，并具有浓厚的历史意识，这是我们中国文化独有的鲜明特征，中华民族亦因此而以悠久的"重史"传统著称于世。在整个人类文明史上独一无二、系统完备的"二十四史"即证明了这一点。

中华人民共和国成立后，历史知识普及工作被放到十分重要的位置。20 世纪五六十年代，著名历史学家吴晗主持编写的《中国历史小丛书》，90 年代中国社会科学院院长胡绳组织编写的《中华文明史话》和《百年中国史话》，成为"大家小书"的典范，而后两套历史知识普及丛书正是《中国史话》之缘起。

2010 年年初，为切实贯彻中央关于"做好历史知识普及工作"的指示精神，同时也为了更好地弘扬中国传统文化，我们对《中华文明史话》和《百年中国史话》

两套丛书的内容进行了修订和增补，重新设计框架，以"中国史话"为丛书名出版。第十一届全国政协副主席、时任中国社会科学院院长陈奎元亲任《中国史话》一期编委会主任，时任中国社会科学院副院长武寅任编委会副主任。正是有了各级领导的关心支持和诸多学术名家的积极参与，《中国史话》一期200种图书得以顺利出版，并广受好评。

《中国史话》丛书的诞生，为历史知识普及传播途径的发展成熟，提供了一种卓具新意的形式。这种形式具有以通俗表述、适中篇幅和专题形式展现可靠历史知识的特征。通俗、可靠、适中、专题，是史话作品缺一不可的要素，也是区别于其他所有研究专著、稗官野史、小说演义类历史读物的独有特征。

囿于当时条件，《中国史话》一期的出版形式不尽如人意，其内容更有可以拓展的广阔空间，为此2013年4月我们启动了《中国史话》二期出版工作。《中国史话》二期分为经济、政治、文化、社会和生态五大系列，拟对中国各区域、各行业、各民族等的发展历史予以全方位介绍。我们并将在适当时机，启动《世界史话》的出版工作。史话总规模将达数千种。

我们愿携手海内外专家学者，将《中国史话》《世界史话》打造成以现代意识展现全部人类历史和人类文明，集学术性、知识性、趣味性于一体的"万有文库"；并将承载如此丰厚内容的史话体写作与出版努力锻造成新时期独具特色的出版形态。

希望史话丛书能在形塑民族历史记忆、汲取人类文明精华、培育现代国民方面有所贡献，并为广大读者所喜爱。

史话编辑部

2014 年 6 月

目录
Contents

序

　　一百零一年前的今天，徐树铮将军创办正志中学，擎起一面成德达才、教育报国的旗帜，自此薪火相传、血脉绵延，历经成达中学、北京市第三十八中学、北京市第四十二中学、北京师院附中、首都师大附中。其间，任职校务的有北平市首任市长何其巩，国学家王树枏、林琴南，教育家蔡元培、李石曾，文学家周作人，戏剧家焦菊隐，翻译家曹靖华，美学家朱光潜等；巨擘大师联袂领衔，积淀了丰厚的文化和学养。

　　历届毕业生人才济济、星光灿烂，不仅有曾戛初、林日藩这样的抗日将领，还有中科院院士刘光鼎、荣获国家级发明奖之徐乍英这样的顶级科学家；不仅涌现国庆30周年群众游行时打出"小平你好"标语之于宏实这样的莘莘学子，也不乏篮球名宿黄频捷和主导制造中国第一艘航母之李长江将军这样的领军人物。

1919 年，大总统徐世昌为本校题赠匾额——"成德达材"（嗣后沿袭写为"成德达才"）。1994 年，中共中央政治局委员、国务院副总理李岚清为本校题词："认真贯彻德智体全面发展的教育方针，为办好我国的素质教育起示范作用。"2014 年，中共中央政治局委员、国务院副总理刘延东贺信寄语："以新百年为新起点，深化教育改革，突出优势特色，为实现中华民族伟大复兴的中国梦作出应有的贡献。"

以现任校长的身份站在新百年的起点上，我倍感幸运而难免惴惴。回首过去，我感恩前辈诸公的艰辛创业及丰厚遗产；展望未来，更觉"大任更谁肩"的使命与责任。概括一句话，那就是秉持成德达才、教育报国的遗传基因，步武前贤，继往开来，恃丰厚积淀，创明日辉煌。

为迎接百年校庆，我们组织出版了献礼图书《百年历程》（校史）、《百年回首》（校友回忆荟萃）、《杏坛群英》（历届教职工名录）和《首都师大附中史话》。这些图书在内容上各有不同、各有侧重。作为"十二五"国家重点图书出版规划项目"中国史话"系列丛书之一，《首都师大附中史话》则侧重历史、侧重事件、侧重人物，与其他献礼图书互有取舍、互有交叉、交相辉映，共同为读者和校友勾画出百年名校的历史全程和整体风貌。

我校 1978 年被确定为北京市首批市属重点中学，2002 年被确定为北京市首批示范性普通高中，2007 年被人事部、教育部授予"全国教育系统先进集体"光荣称号。在告别百年之际，我校已发展成辐射远郊区县，拥有多所分校和分校区的现代化教育集团，在美国捷门棠学校开设的孔子课堂于2012年被国家汉办评为"先进孔子课堂"。而今站在历史的制高点上，我们有信心有准备，深化改革，再接再厉，沿着优质化、集团化、国际化的路径，向着"国内领先，国际一流"的目标阔步前进，开创新的百年辉煌。

巍巍慈寿塔是历史的见证，淙淙昆玉河是时代的歌声。

我们展臂高呼：你好，新的百年！

首都师大附中校长

沈杰

一　百年薪火

　　1914 年，北洋政府陆军部次长徐树铮上将创办京师私立正志中学校，校址在宣武门外菜市口粤东学堂旧址。六年后即 1920 年，徐树铮失势，学校由教育部接手改为京师私立成达中学校，迁入新校址阜成门外北礼士路 19 号。1937 年，日本帝国主义发动侵华战争，北平沦陷，次年日伪强占北礼士路 19 号校园，成达中学被迫迁至中南海公园内东四所继续办学，为期 11 年。1949 年，东四所规划中央人民政府办公地，成达中学迁至阜成门内王府仓胡同 46 号和大水车胡同 12 号。1952 年，成达中学与私立上义中学合并，改为公立学校北京市第三十八中学。1954 年，改为北京市第四十二中学，并迁至阜成门外八里庄新校园。其间，学校历经民国初建、日本侵华北平沦陷、解放战争、中华人民共和国等四个历史时期，伴随国运兴衰而兴衰，伴随京城枯荣而枯荣；师生坚守"成德达才"之理念，踔厉跋涉，共克时艰，为后世留下一所桃李芬芳的优渥家园。

1 名噪京师：正志中学

（1914 年 12 月至 1920 年 8 月）

1914 年 12 月，北洋政府陆军部次长徐树铮创办京师私立正志中学校，校址在宣武门外菜市口。其时，正是中国社会发生前所未有深刻变化的历史节点。1911 年爆发的辛亥革命推翻了清朝的封建统治，结束了中国长达两千年之久的君主专制制度，开启了民主共和新纪元。社会转型激发了社会各个层面的变革，同样体现在教育领域。

正志中学教学楼

徐树铮创办正志中学的历史背景

光绪二十九年（1903），清政府颁布《奏定学堂章程》即"癸卯学制"，确定了全国统一的从小学到大学的系统学制，奠定了近代学校制度的基础。北京作为全国的政治文化中心，率先开始了兴办新式学堂的热潮，政府、各省旅京同乡会以及私人陆续兴办了一些大学、中学和小学。光绪三十一年（1905），清政府宣布废除科举，至此中国绵延一千三百多年的科举制度寿终正寝。民国1年（1912）五月，北洋政府裁撤原清政府所设京师督学局和八旗学务处，改设京师学务局，规定"嗣后本京各项中等以下学校均由学务局直接管理"，并颁行《普通教育暂行办法》，从此由学务局管理全市中等教育。1928年，北平市政府成立教育局，统管全市教育事业。

据"京师地方公私立各中学一览表"（民国4年十二月编），迨至徐树铮创建京师私立正志中学，北京已有在学务局立案的正规普通中等学校16所（形形色色的私塾、学堂、专修学校及宗教学校不在此列），其中公立中学7所，私立中学9所。依建校时间先后为序，正志中学在北京市公立、私立中学中排序第十六，在私立中学中排序第九。

【相关链接】

京师地方公私立各中学一览表（民国4年十二月编）

作者：韩朴　田红

学校名称	校长姓名	教员人数	班级	学生总数	地址	设立年月
京师公立第一中学校	赵继曾	23	5	194	北锣鼓巷郎家胡同路北	民国1年八月改组
京师公立第二中学校	文元	25	6	217	东单牌楼史家胡同	民国1年八月改组
京师公立第三中学校	夏瑞庚	23	6	229	阜成门内祖家街	民国1年八月改组
京师公立第四中学校	王道元	20	5	194	西安门内西什库后库	民国1年十月改组
京兆公立第一中学校	刘濬清	12	4	144	地安门外兵将局	民国2年一月改组
京师私立求实中学校	白致权	14	5	225	南锣鼓巷后鼓楼院	清光绪二十七年十二月
京师私立毓英中学校	陆铎	3	1	21	西直门内大街路南	民国2年八月
京师私立正志中学校	徐树铮	13	4	172	广安门大街路北	民国4年一月
京师私立畿辅中学校	范桂鄂	8	5	171	宣武门外大街	清光绪三十二年二月
京师私立山东中学校	梁文灿	13	1	45	顺治门内化石桥迤东	清光绪三十二年四月
京师私立安徽中学校	罗会垣	10	2	81	宣武门外后孙公园	民国3年一月改组
中国公学大学部附属中学校	戴修瓒	11	2	105	正阳门内西城根	民国2年四月
京师公立第一女子中学校	金文善	19	3	95	正阳门内西交民巷路南	民国2年二月
京师公立第一女子中学校附设职业班	金文善		1	40	正阳门内西交民巷路南	民国2年二月
京师私立第一女子中学校	韩吴泳笺	5	1	10	宣武门外南横街	民国2年一月
京师私立尚义女子师范学校	葛文圆	9	1	12	宣武门外四眼井	民国2年四月

（摘自《北京近代中学教育史料》下册）

正志中学的基本情况

徐树铮创办正志中学，时在陆军次长任上，年仅 34 岁。1914 年 12 月，他与广东名宿、粤东学堂总理梁士诒（此后曾任参议院议长）签订合同，租赁宣武门外菜市口粤东学堂校舍，创办京师私立正志中学。翌年 2 月开办，徐树铮自任校长，邀请社会贤达王树枏（光绪进士、文坛名流）、傅增湘（1917 年任教育总长）、叶恭绰（民初交通总长、新中国成立后任全国政协常委）等分别出任正志中学董事长和副董事长，招生第一、二两班，春季开学，四年制初中。4 月至京师学务局立案，一度增设附属高小补习一个班。迨至民国 9 年（1920）8 月改名京师私立成达中学校，先后招生 8 个班，总计毕业 4 个班。按民初惯例，中等学校男女分校，正志中学是一所男校。

关于建校年份，在校史档案中，正志中学建校年份始终被确定在民国 3 年（1914），其根据是这一年徐树铮与梁士诒签订合同租赁粤东学堂校舍创办正志中学。此外，有文献把正志中学建校年份说成民国 4 年（1915），是错把正志中学在学务局立案及开学年份当成了建校年份，因此逐渐不被采用。

据"京师地方公私立各中学一览表"（民国 4 年十二月编），民国 4 年（1915）北京市中等学校的规模，最大的是京师公立第三中学校，拥有教员 23 人，全校 6 个班，学生总数 229 人；规模最小的是京师私立第一女子中学校，拥有教员 5 人，全校 1 个班，学生总数 10 人。

正志中学拥有教员 13 人，全校 4 个班，学生总数 172 人。学生总数在 16 所公立、私立中学中位居第六，在私立中学中则位列第二。据《北京近百年生活变迁 1840～1949》（袁熹著），1915 年北京市内外城总人口为 789127 人。放在这样的人口背景下来看，正志中学的规模确实不小。

正志中学以校董事会主持一切大计及筹募经费等，设校长 1 人管理校务，下设教务主任、训育主任、事务主任、图书主任各 1 人及事务员若干人。经费来源，由校董事会筹款，学生缴纳学费、宿费等项。

学制方面，采用四二制，开办四年制初中，定额 8 个班，每年招收新生 2 个班，毕业 2 个班，每班定额 48 人，总额以 400 人为限。课程设置国文、历史、地理、数学、博物、外语、音乐、体育等。

校训方面，据正志中学校友关德懋著《徐又铮先生创办正志中学述略》记载："以克己深省，尊师重道为诸生训。"

管理方面，要求教室内务清洁，秩序整肃，学生座位均有固定编号，由训育主任负责督察。每间宿舍由学生选举舍长 1 人，负责寝室纪律和安排洒扫卫生。

正志中学的办学特色

徐树铮饱读经史，精于国学，推崇桐城派古文，兼擅诗书昆曲，堪称学养深厚；同时他是一名训练有素、运筹帷幄、决胜千里的将军。他文韬武略兼于一身的素质，加之其对文教事业的情有独钟，并亲自遴选教员、制订教学计划，使正志中学的办学风格明显体现出他的个性特征。

第一是名人办学。徐树铮邀请来的正志中学董事会成员均为社会贤达和学界名流。董事长王树枏是光绪进士、京师文坛名人；副董事长傅增湘是光绪进士，1917年任教育总长，为著名教育家、藏书家；另一位副董事长叶恭绰是民国初年的交通总长，新中国成立后任全国政协常委。徐树铮延聘林纾（林琴南）、姚永朴、马其昶、姚永概等任教。林纾是一代国学大师、译著巨擘，二姚一马均为桐城派末期回光返照的大家，数学教师梁上栋后来曾任国民政府监察院副院长。诸公博闻强志、含英咀华，令正志中学讲坛异彩纷呈。因此，正志中学创建伊始曾名噪一时。

【相关链接】

王树枏（1851～1936），号陶庐老人，河北高碑店人，光绪进士，是中国近代一位有影响的人物，历任四川、甘肃等诸多地方知县及新疆布政使。他精通经史地理，有存世著作50余种，涉及训诂、算数、地舆等。民国期间，他任《清史稿》四总纂之一，参与编撰的《清史稿》《新疆图志》等巨著系中国史籍和边疆史地学的经典，另有自传《陶庐老人随年录》。

王树枏

第二，特别注重国文。徐树铮拟定的教学内容、课程设置与当时教育部所规定的有所不同，主要突出两门课：国文与体育。每天上午以国文课为主，下午以体育课为主。其他课目如数学、德文等，都放在次要位置上。姚永概任教务长，兼教《孟子》《春秋左氏传》和《尺牍选钞》；林纾教授《史记》，姚永朴教授《论语》《文选》等；马其昶教语文和作文，每周一次两个课时的作文，当堂交卷，多半为历史题目。徐树铮非常尊敬这几位老先生。他往往亲自搀扶他们进入教室登上讲台，自己则"屏息危坐听讲，参弟子列"（关赓麟：《徐又铮先生创办正志中学述略》）。每逢周三，他还会约请几位一起吃馆子。其率先垂范"尊师重道"，可见一斑。

第三，开设以军训为主的体育课。每天下午的体育课，充斥着军训内容。第一、二年教授军体操，包括步兵操、器械操、摔跤、武术（拳脚、刀枪剑戟、三节棍、九节鞭等），第三、四年进行步枪操练。体育教师由徐树铮从边防部队中挑选军官担任，训练学生犹如训练新兵。

第四，开设陶冶心智的音乐课。音乐课内容丰富，注重陶冶情操。教授歌曲数十支，《国歌》《校歌》之外，还有《读史歌》《劝学歌》等。"感时伤别，慷慨抒情，无不被之新声，形诸拍奏。"（关赓麟：《徐又铮先生创办正志中学述略》）学生们在吟咏歌唱中，"感于辞藻之典茂，音节之清越，……心声既洽，人情遂无秦越"（关赓麟：《徐又铮先生创办正志中学述略》）。

第五，实行犹如军校的严格管理。教室、宿舍和饭厅的规矩与日本士官学校相仿。因此，时人评论说这近乎一所军官预备学

正志中学讲义

校。"该校校规极严，徐树铮长子徐毅行怀带食物被校监搜出没收，虽校长之子，也不可越矩。"（赵树生：《正志中学简介》）

此外，外语课与其他中学不同，不开设英语课，开设法语课和德语课，任课教师均为外籍教师。

有记载称，正志中学"名门弟子入学极多，现台湾名流如唐君铂、李立柏、刘方矩等人均为该校高才生"（赵树生：《正志中学简介》）。因此，当年人们曾把正志中学视为贵胄学校。

正志中学的异军突起，得到社会的关注和当局的好评。《北京近代教育记事》（耿申、邓清兰、沈言、喻秀芳编，北京教育出版社）曾记载：

> 1915 年 10 月京师学务局派员视察正志中学，认为该校"管理采取军校成法，而略济以宽，实已严于他校"。教学认真，聘师严格，"重要学科，聘师尤慎，国文则延文学名手，外国语则借才异帮"。
>
> 1917 年教育部转发视察京师各中学的意见，褒扬私立正志中学，批评公立三中"校务形同废弛"，遂免去公立三中校长职。
>
> 1918 年 2 月京师学务局训令表彰公立四中和私立正志中学，认为"私立正志中学，管教采用军制，秩序整齐，校风极为严肃，注意体育，即务使学生各具军国民之精神。私立各校办理妥协，当推该校为最"。

1918 年 10 月，徐世昌就任大总统，举行阅兵典礼。各校学生列队参加，正志中学阵容最为严整，特别引人注目。队列从校园出发，特意绕行东交民巷，引得外侨倾巷聚观；到达故宫午门内广场后，随武装部队同受检阅，博得一片赞扬。

1919 年 10 月，大总统徐世昌为正志中学题赠匾额："成德达材。"徐树铮呈请京师学务局批准"校长率同教管各员及全数学生敬谨恭迓悬挂"，对于"大总统训饬指示"，请教育部代呈"敬陈谢悃不胜感仰之至"（1919 年 10 月徐树铮报京师学务局呈文）。

何其巩题写"成德达才"

综上内容，可以看出徐树铮的办学思想和培养目标。他实际上力图通过正志中学封闭式的管理，培养他所需要的实用型军政人才。

然而，在19世纪20年代的中国，反帝反封、科学民主已汇聚成不可抗拒的大潮，徐树铮的办学思想面临着时代潮流的冲击。1919年5月，北京掀起五四运动，青年学生的爱国行动波及整个学界，正志中学的热血青年自然也不肯置身事外。5月下旬的一个傍晚，本应列队返回宿舍就寝，但是他们拒绝教师和学监的命令，明确要求走出校门参加爱国集会和游行。此刻，校长徐树铮闻讯赶来，采用软硬兼施的办法阻止了学生的行动。当年夏季，徐树铮特意在北戴河借用一处德国兵营，安排正志中学学生免费避暑，意在使这些同学无法与爱国学生运动接触。如此举措，招致事后正志中学背上"冷血团"的骂名。

1920年2月，阜成门外北礼士路19号新建校舍落成，遂迁入。此前，徐树铮在直皖两系激烈争斗中被免职，继而遭当局"通缉拿办",被迫蛰居上海。他自身难保,更无力遥控北京的正志中学。遂教育部于 8 月 15 日接办正志中学,将其改名京师私立成达中学校。9 月,徐树铮辞去校长职务。

一位正志校友对母校的记述

《民国徐又铮先生树铮年谱》(王云五主编、徐道邻编述,台湾商务印书馆,1981)一书中,附有正志中学校友关德懋回忆母校的文章——《徐又铮先生创办正志中学述略》(写于1962 年 1 月 11 日)。据推断,关德懋于 1918～1920 年在正志中学就读。该文以个人视角记述了当年正志中学的办学概况,其中个别内容似有出入。全文如下:

徐又铮先生创办正志中学述略

民国四年(应为民国 3 年——编者注),萧县徐又铮先生方任陆军部次长,创办正志中学校于故都北平,授诸生以礼乐射御,所以修文树教,明耻教战也。九年夏,直皖战争起,合肥段公芝泉去位,先生亦退闲,直系军人王怀庆接办正志中学,更名成达,先生手树规模为之丕变,名师耆宿亦相继星散,未数年而停办。

先生之办理正志中学也,采军事教育体制,规模章则,昉自德国。新生入校,隐若入伍。以克己深省,尊师重道为诸生训。四年作业,首重古文学之修养,次数理,再次为德语。是时桐城姚氏昆季以文章气节著称于时,先生因聘永概叔节先生任教务长,永朴仲实先生授文选,其余执教之士,皆一时名德。马其昶通伯先生授春秋左氏传，闽侯林纾琴南先生授史记。仲实、叔节、琴南三先生均年届古稀，鬓发皤然。仲实先生且已双目蒙翳，须人扶掖登坛，先生往往率诸生亲执其役，屏息危坐听讲，参弟子列。白首传经，青袍问道，令人想见伏生刘向之故实。学校舍首重经史，音乐课程亦独创风格。歌咏篇章，不下数十。国歌校歌而外，读史有歌，劝学有歌，感时伤别，慷慨抒情，无不被之新声，形诸拍奏。诸生感于辞藻之典茂，音节之清越，吁吁喁喁，永言兴叹，心声既洽，人情遂无秦越。

军事教官五六人，均赳赳武夫，皆军队中营连长之选也。此五六人者，步兵操典而外，并娴技击，教生徒手相扑。诸生不乏来自燕赵秦陇孔武有力之士，与教官博，胜教官，教官亦不以为忤。教官之上，有总教官一人，亦军官中之上选。总教官不能排日至校，非遇庆典，亦不亲自指挥行列。首任总教官宋子扬先生，校长之总角交也（后任西北边防军第二旅旅长），平易近人，无疾言厉色，亦如校长，深得学生之爱重，任教最久。宋以后有于珍芷山先生，威仪凛然，声如洪钟，后为东北军名将。

民国八年，五四运动发端于北大，政教革新之风飙举云涌，各校群起响应。正志中学独无所举措，俨然置身事外，"冷血团"之名由是而传遍各校。向之视正志为贵胄学校者，敌意亦愈深。每遇休假之日，正志学生整队过市则备受揶揄，于是群情有所未安。忽一日，校长微服莅校，一如平昔，至则召各班年长诸生忧心国是者，与谈论时政得失，诸生默然退。次日，仲实先生复为全校同学解易系辞潜龙勿用之义。是年夏，先生复为留校学生租赁北戴河旧德国军营为休沐之所。是以五四运动之终始，正志中学迄未参加。先生盖有鉴于季汉晚明，清流往往涉于党祸，其间得失，固未易言也。

八年（应为民国7年——编者注）十月，东海就职总统，举行阅兵典礼于故宫午门内广场。各校学生列队参加，以正志之阵容为首选。全校学生约六百人，行列严整，随武装部队同受检阅。犹忆自校出发，特意通过东交民巷，外侨倾巷聚观，为当时母校之一大事。

德懋年十六，侍先君入故郡，投考正志，名次最末，忝列门墙。越两载，学校易名，遂负笈南下，距今忽忽已四十年矣。瞻怀往迹，如在昨日，耳提面命，德音孔存。顷先生哲嗣道邻兄厘定先生手泽，将付剞劂，以彰先德；命余略述往事。师谊私交，敢辞谫陋？抽思搁笔，惓念风徽。惧修名之禾立，能无愧于师承，极目时艰，不禁感慨万千。

六安关德懋谨记

关于"王怀庆接办正志中学"之辨伪

关德懋之《徐又铮先生创办正志中学述略》一文说："九年夏，直皖战争起，合肥段公芝泉去位，先生亦退闲，直系军人王怀庆接办正志中学，更名成达，先生手树规模为之丕变，名师耋宿亦相继星散，未数年而停办。"

但是，截至本书编撰之日，尚未找到"王怀庆接办正志中学"的任何史料或佐证。

《北京近代教育记事》载："1920 年 8 月 15 日'教育部将阜成门外私立正志学校改名成达学校，并指派钱能训、傅增湘、董康、叶恭绰、傅岳棻等为校董'。"

另据成达中学 1920 年档案：5 月 27 日呈学务局的文件，校长署名为京师私立正志中学校校长徐树铮。这是档案中最后一次出现徐树铮的具名。9 月 10 日呈学务局的文件，京师私立成达中学校校长署名处已无校长署名，代以"正志中学校学监张庆琦代呈"。同日另一文件成达中学校长署名处亦无署名，只有加盖的一枚"校长之章"印章。9 月 30 日呈学务局文件成达中学校长署名处为"校长之章"印章。11 月 24 日呈学务局文件校长署名为京师私立成达中学校校长傅岳棻。

由此可见，1920 年 9 月徐树铮去职正志中学校长前后，及至傅岳棻就任成达中学校长之职，其间并无他人出任校长的任何记载。

综上，"王怀庆接办正志中学"一说并无实证，而"王怀庆接任成达中学校长"一说更无可能。

【相关链接】

王怀庆（1875~1953），北洋直系将领，1919 年 7 月受任步兵统领，11 月加封陆军上将衔。辛亥革命期间，曾经出卖滦州起义，诱杀滦州起义志士王金铭、施从云等。在徐树铮去职正志中学校长，正志中学易名成达中学之际，王怀庆甫任京畿卫戍司令（1920 年 7 月任职）。

2 危局苦撑：成达中学（1920 年 8 月至 1952 年秋）

1920 年 8 月 15 日，教育部接办正志中学，改名京师私立成达中学校。9 月，徐树铮辞去校长职务，教育部指派钱能训、傅增湘、董康、叶恭绰、傅岳棻等为校董，组成成达中学董事会，由刚刚卸任教育部次长、代理教育总长的傅岳棻出任校长职务。由此开启了 32 年之久的成达中学办学历程。

校名沿革

1920 年 8 月，改称京师私立成达中学校。1923 年 4 月，改变学制，由四二制改为三三制，增设高中，在学务局文件中一度使用"京师私立成达高级初级中学校"一名，但校方仍沿用"京师私立成达中学校"校名和校印。1928 年，北京市更名为北平特别市，校名遂改称北平特别市私立成达中学校，简称北平私立成达中学校。其间，北平市教育局文件中曾使用"北平市私立成达初级中学校"名称，自 1937 年恢复高中设置以后，不再使用该名称。1949 年，北平和平解放，北平市复用北京市名，校名遂改称北京市私立成达中学校。

【相关链接】

北京何时称作北平？北京历史悠久，名称变化较多。明永乐元年（1403），明成祖朱棣从南京迁都北平府，改北平为北京。1644 年，清入关仍定都北京，亦称京师。辛亥革命后，1912 年 1 月 1 日，中华民国宣告成立，孙中山任临时大总统，

北礼士路19号成达中学校园

曾定都南京，但仅逾月余，袁世凯强令将首都迁至北京。1927年北伐战争，4月18日宣布定都南京。1928年6月，北洋军阀政府覆灭，国民政府将北京改称北平特别市。1949年中华人民共和国成立前夕的9月27日，中国人民政治协商会议决定将北平市改为北京市。因此，1928～1949年的21年多一点的时间里，北京这座城市的名称为北平。

　　需要说明的是，日本侵华期间，日伪政权曾一度把沦陷的北平非法称为北京，但这不为中国政府和中国人民所接受，只是在当时的日伪文件中曾经这样使用过。

　　与正志中学倚重校长徐树铮个人能量的办学方式不同，成达中学则更为依靠完善治理结构，注重发挥董事会和校一级管理机构的职能作用，循规蹈矩，依章办校。董事会明确规定，"以充实中等教育造就普通社会服务人才为目的"，"本会得有规定教育大纲延聘校长、筹募经费及审核预决算之职权"，"校董会每年举行常会两次，但遇有特别事件得随时开临时会

北平私立成达初级中学校章程　中华民国二十年八月改订

第一章　總綱

第一條　本校以校董會為最高法定機關負經營學校全責

第二條　本校遵照教育部定章教授初級中學應有學識及技能並注重陶鎔學生心性敦勵品格以養成剛健中正之國民為宗旨

第三條　本校修業期限定為三年修業期滿經考試及格者得准畢業由學校呈請教育局發給畢業證書

第四條　本校每年分兩學期以八月一日為學年之始八月至次年一月為一學期二月至七月為一學期暑假放假五十六日由六

成达中学章程第一页

议，由常务校董召集之"。"本校设名誉校长一人，校长一人，由董事会推选聘请，管理本校一切事务，其余各项职教员均由校长聘任，请董事会分别加委"；校内设教务主任、训育主任、事务主任、图书馆主任各 1 人，延聘教员多名分担各课；"各职员均分课办事，计设文书、注册、庶务、会计四课"。

第一届董事会（1920 年 9 月至 1924 年）。1920 年 9 月，董事会成立，周作民（金城银行董事长兼总经理，新中国成立后任全国政协委员）、吴鼎昌（曾任财政部次长、盐业银行总经理）、王树枏、钱能训、傅增湘、董康、叶恭绰、傅岳棻等 38 人为董事会董事。

第二届董事会（1924～1928 年）。1924 年，董事会改组，成立第二届董事会，周作民、吴鼎昌、朱启钤、倪道杰、胡筠、徐国安等 6 人为董事，周作民为董事长，吴鼎昌为名誉校长。

第三届董事会（1928 年至 1937 年 1 月）。1928 年，董事会改组，成立第三届董事会。第三届董事会初为 9 人，经历并校风潮后调整为 16 人。董事会议决废除会长制，改用委员制，推举 3 人为常务董事，再由 3 位常务董事互推 1 人为董事会主席，主席对董事会负责。董事会董事：蔡元培、李

吴鼎昌

煜瀛（李石曾）、沈尹默、周作人、何其巩、李泰棻、张凤举、黎世蘅、马廉、周作民、褚民谊、吴鼎昌、张心沛、李书华、徐炳昶、方梦超。董事会推举周作人为主席，何其巩为名誉校长。

第四届董事会（1937 年 1 月～1947 年 10 月）。原董事徐炳昶、李书华、褚民谊、李泰棻、李煜瀛、蔡元培等 6 人因事请辞，马廉已故。增补何澄、汤尔和、董人骥、温寿泉、薄以众、陈涤之等 6 人为校董。董事会董事：沈尹默、周作人、何其巩、张凤举、黎世蘅、周作民、吴鼎昌、张心沛、何澄、汤尔和、董人骥、温寿泉、薄以众、陈涤之。董事会推举周作人、何澄、董人骥为常务董事，周作人为主席。1946 年，温寿泉出任董事长。

第五届董事会（1947 年 10 月至 1952 年秋）。1945 年 8 月日本投降后，董事会成员中的周作人、黎世蘅等人受到国民政府的惩处。1947 年 10 月，董事会进行人员调整。新一届董事会由何其巩、焦菊隐（戏剧家、北平师范学院英语系主任）、朱光潜（美学家、北京大学西语系主任）、古宗纶、齐思和（燕京大学历史系主任）、王静如（中法大学历史系主任，语言学家）、马懋勋、沈家彝（前河北高等法院院长）、张寿龄、薄以众、温寿泉、赵伯陶等人组成，何其巩为董事长。

【相关链接】

北平私立成达初级中学校第三届董事会章程（民国 17 年）

第一条　本校董会根据教育部公布教育宗旨创办成达初级

中学，故称为成达初级中学校校董会。

第二条 本校董会为学校法定最高机关，有对外代表学校对内监督学校之权能。

第三条 本校董会之职权列作：

一、筹划及保管本校经常费

二、审核学校预算决算

三、选任校长

四、处理学校非常事务

第四条 本校董会设校董会主席一人、常务校董三人。

第五条 本校董会每年召集常会一次以上，其遇有临时事故时，得召集临时会，由主席召集之。

第六条 本校董会开会时，校董有因故不能出席者，得委托其他校董为代表。

第七条 本校董会讨论事件经出席者过半数之同意，为议决通过之。

第八条 本校董会章程有未尽事宜，得由校董二人以上之提议，经全体校董过半数之赞同修改之，并呈教育主管机关备案。

第九条 本章程经教育主管机关批准后，公布施行。

其间，历任校长共 10 位，他们是：傅岳棻（1920 年 9 月至1922 年）；张庆琦（1922 年至 1928 年 7 月）；张心沛（1928 年 7 月至 1928 年 11 月）；刘栋业（1928 年 11 月至 1930 年 3 月）；范庆涵（1930 年 3 月至 1931 年 6 月）；黎世蘅

（1931 年 8 月至 1939 年）；王同烜（1939～1945 年）；戎书城（1945～1949 年）；姚丽卿（1949 年至 1951 年 12 月）；吴纯性（1952～1955 年）。名誉校长两位：吴鼎昌（1924 年聘任）、何其巩（1928 年聘任）。

【相关链接】

北平私立成达初级中学校章程

中华民国 20 年八月改订

第一章 总纲

第一条 本校以校董会为最高法定机关，负经营学校全责。

第二条 本校遵照教育部定章，教授初级中学应有学识及技能，并注重陶镕学生心性，敦励品格，以养成刚健中正之国民为宗旨。

第三条 本校修业期限定为三年，修业期满经考试及格者，得准毕业，由学校呈请教育局发给毕业证书。

第四条 本校每年分两学期，以八月一日为学年之始，八月至次年一月为一学期，二月至七月为一学期，暑假放假五十六日，由六月三十日至八月二十四日；寒假十四日，由一月十八日至一月三十一日；其余放假日期遵照北平市中小学校历办理之。

第五条 本校招收新生以年在十二岁以上十六岁以下、曾由高级小学毕业或有同等学力，经入学考试及格者录取之。其编级生以转学年级衔接，持有证明书，经考试及格者录取之。

第六条　本校学生得在校食宿，学校任管理之责。如有特别情由必须回寓者，亦可准其通学。

第二章　教职员

第七条　本校设校长一人，处理本校一切事务。

第八条　本校校长由校董会选任之，其余各项职教员（原文如此——编者注）均由校长聘任之。

第九条　本校设教务主任一人，商承校长管理以下各项教育事宜：

一、订定全校课程。

二、考察各科教授情形。

三、考查（原文如此——编者注）学生学业及操行。

四、监察各项考试。

五、核校成绩分数。

六、稽查讲堂课室及图书仪器各室。

第十条　本校设训育主任一人，商承校长管理以下各项事务：

一、督率管理各员办理各项事务。

二、监察讲堂课室寝室餐堂操场各项事宜。

三、监察学生操行及起居食饮疾病旷课各事。

四、管理学生请假事务。

五、分派值日员生。

第十一条　本校斟酌各科教授钟点聘订教员，不限人数。

第十二条　本校教员除授课外，均有指导学生行为之责。

第十三条　本校设文书、会计、庶务、注册及图书、讲义等课，各课设主任一人、事务员若干人。

第十四条　本校教员及各课主任事务员请假者须自行商请他人代理。

第十五条　本校聘请教员及各课主任、事务员均订有聘书，一切待遇按照定明办法办理。

第三章　学科及程度

第十六条　本校课程按照现行部章订定，惟因本校与中法大学孔德学院联合办理，学生毕业后得升入该学院高级中学肄业故，自第二学年起即加设法文，其不愿习者听其课程，概要如左：

第一学年

科目	授课时数	学分数	内　容
党义	二	四	
国文	六	十二	精读指导四小时、作文练习二小时
外国文	五	十	
历史	二	四	绪论，上古史（自太古至秦之统一）中古史（自秦至明）

地理	二	四	
算学	五	十	算数二小时、代数三小时
自然动物植物	三	六	
图画	二	二	
音乐	二	二	
体育	三	三	
工艺	三	三	
生理卫生	一	二	

第二学年

党义	二	四	
国文	六	十二	精读指导四小时、作文练习二小时
外国文	五	十	
历史	四		近世史(自明季至清季) 现代史(自清季至最近)

地理	二	四	
算学	五	十	代数二小时、几何三小时
自然矿物 化学	三	六	
图书	二	二	
音乐	二	二	
体育	三	三	
工艺	三	三	
生理卫生	一	二	

第三学年

党义	二	四	
国文	六	十二	精读指导三小时、略读指导一小时 作文练习二小时
外国文	五	十	
外国历史	二	四	
外国地理	二	四	
算学	五	十	几何二小时、三角二小时
自然物理	三	三	仅第一学期教授
图画	二	二	
音乐	二	二	
体育	三	三	
工艺	三	三	
职业科目	三	六	由教员选授

第四章　入学停学退学

第十七条　本校考取各生须具志愿书，并邀请保证人填交保证书，将应交各费交清，始准入学。

第十八条　本校学生因事请假，须由家长或保证人具函陈明理由。

第十九条　本校学生请假至六星期以上者，应由校长酌定停学期限，命其停学。

第二十条　本校学生停学期满，应归原级以下之班肄业。

第二十一条　本校学生有学业逊下，或性质不良，或屡犯过失告诫不悛者，均由校长随时令之退学。

第二十二条　本校学生因事自请退学者，须由家长及保证人具函陈明情由，经校长核准之。

第二十三条　本校学生因过退学者，不准重回肄业，亦不准再来投考。

第五章　学绩与操行之甄别

第二十四条　本校为甄别学生学业之优劣，有定期考试计分学期考、学年考、临时考三种。

第二十五条　本校每年于寒假前举行学期考，暑假前举行学年考。

第二十六条　本校临时考试由各教员自行酌定，并于每次上课时由教员酌设问答，察其有无心得。

第二十七条　本校以学期考学年考所得分数为考试分数，临时考及问答所得为平时分数。

第二十八条　学期考分数与平时分数平均为本学期成绩。

第二十九条　学年考分数与本学期平时分数平均为本学期成绩，再合以前一学期成绩平均为本学年成绩。

第三十条　毕业之学期，其本学期与本学年成绩均照前条核定。

第三十一条　末次学年考试即作为毕业考试。

第三十二条　本校以各学年成绩平均为毕业成绩。

第三十三条　本校考试一律以百分为满，八十分以上者为甲等，七十分以上者为乙等，六十分以上者为丙等，不及六十分者为丁等，丁等不及格。

第三十四条　本校学生学期学年考试列丁等者，由校长酌令降班或退学，或其考试纵列丙等以上而有一主要学科成绩逊下者由校长酌令补考，补考不及格得令其重习。

第三十五条　本校学生毕业成绩在丙等以上者，给与毕业证书；其不及格者，由校长酌给肄业证书或留校补习。

第三十六条　本校学生操行由校长、教员及教务主任、训育主任随时审查登记于簿，每年年终汇集各簿，由校长邀集会议评议等次。

第三十七条　本校学生操行亦按学业成绩办法定为甲乙丙丁四等，丙等应加训诫，丁等退学。

第三十八条　本校学生升班及毕业均以操行学业各分数参核定之。

第六章　奖惩

第三十九条　本校学生操行学业俱列甲等者，特由校长缮给褒奖状，以资奖励。

第四十条　本校学生如有背犯校规不服教训或为学不力者，均由校长斟酌轻重分别惩戒；凡受惩之生皆扣减分数。

第四十一条　本校惩戒学生之法规定如下：（一）惩戒（二）记过（三）降班（四）退学。

第四十二条　本校学生语言动静有不合者，由校长或教职员随时训诫。

第四十三条　本校学生有违犯校规者，由校长按照情节轻重分别记过、记大过或令退学。

第四十四条　本校学生学业成绩不及格或旷课太多者，由校长酌令降班或退学。

第七章　校舍

第四十五条　本校设通用讲堂及博物、物理、化学、音乐、图画、手工各专用讲堂。

第四十六条　本校设礼堂、图书室、仪器室、实验室、阅书室、储藏室、医药室、病室、操场各项。

第四十七条　本校设校长室、会议室、教员休息室、教务主任办公室、训育主任办公室、课主任办公室、事务员宿舍室各项。

第四十八条　本校设课室、寝室、餐堂、盥漱室、浴室、厨房、机械室、传事室、夫役室、厕所各项。

第四十九条　本校每年共纳学费二十四元（每学期十二元）、膳费每月八元五角（每年约合七十六元）、杂费每学期二元、寄宿费每学期五元，入学之始须预为交清。

第五十条　本校学生膳费、宿费、杂费、教科书费各项如遇物价昂贵必须更改时，随时另行通知各生家长及保人。

第五十一条　本校学生入学之始须交保证金十元，毕业时退还；中途辍学者无论因何事故自退或被革概不退还。

第五十二条　本校学生损坏各项器具，应随时按价赔偿。

第八章　会议

第五十三条　本校校务有应商酌者，由校长邀集全校各员酌开校务会议、教务会议或事务会议，公同议办。

第五十四条　本校校务会议及教务会议、事务会议均由校长主持，校长因故不能出席时，得由各主任或教员中嘱托一人代表。

学制

1923年前，延续正志中学的四二制。1923年，大总统颁行教令，中等教育中学校修业年限六年，分为初高两级，初级三年，高级三年。4月，成达中学遵照大总统教令，报经京师学务局批准改行新学制，由四二制改为三三制，增设高中，初级中学修业年限三年，高级中学修业年限三年。学校随之更名为京师私立初级高级中学校。其间，由于经费和招生等缘故，高中几度中断。1937年报经北平市教育局批准继续开办高中，嗣后一直坚持不辍，未曾中断。

延续正志中学成例，成达中学仍然是一所男校。迨至1949年中华人民共和国成立后的1951年暑假，成达中学开始招收女生，但是男女分班，直至三十八中时期；1954年改为四十二中后，开始男女混班。

办学宗旨

"遵照教育部定章，教授初级中学应有学识及技能，并注重陶镕学生心性，敦励品格，以养成刚健中正之国民为宗旨。"

课程设置

所有科目均为必修科目，第一学年为三民主义、国文、英文、算术、中国史地、植物、自然、手工、音乐、军事学、军事操、运动等；第二学年除算术授毕改授代数、几何，植物改为动物，其余不变；第三学年加物理、化学、生理等三科，中国史地改授外国史地。先无劳作、音乐二门，后增设此二门（个别科目有所增删）。

施行学分制。按照教育部规定每科每周一小时，教授一学期者为 1 学分计，第一学年为 62 学分，第二学年为 68 学分，第三学年为 68 学分，共计修满 186 分方得应毕业考试。

学校规模

1923 年前，规划初中 4 个年级，每个年级 2 个班，附属高小补习班 1 个；1923 年后，实行三三制，逐步增设高中，初中、高中各 3 个年级，一般保持初中、高中每年级一个班，在校生 300 人左右（1923 年北京人口总数为 847107 人）；1927年，8 个班全校学生 247 人（该年北京人口总数为 878811人），这个人数在京师学务局立案的 40 所正规公立、私立中等学校中，位列第五。在成达中学前面的一至四名分别是：私立弘达学院中学部（324 人）、私立培根女学中学部（316 人）、私立求实中学校（263 人）、北京师范学校（287 人）。

由于社会动荡、经费拮据、招生困难等原因，学校几度陷于困境，在校生人数锐减，1930 年在校生仅 17 人。1949 年 10

月，初中 3 个班，高中 3 个班，全校学生 323 人（该年北京人口总数为 150 余万人）。1952 年改为公立北京第三十八中学时，初中 4 个班，高中 3 个班，在校生 300 余人。

此种规模，在北京公立、私立中学中，均居前列。

【相关链接】

京师公私立中等学校一览表（民国 16 年五月调查）

校名	校长姓名	教职员人数	学生班级	学生人数	校址	成立年月
北京师范学校	王捷侠	47	8	287	祖家街	民国 6 年二月改归局辖
京师公立第一中学校	杨荫庆	30	5	117	安定门内郎家胡同	民国 1 年九月
京师公立第二中学校	黄德滋	17	4	113	东四南史家胡同	民国 1 年八月
京师公立第三中学校	李宗翰	17	4	120	祖家街	同
京师公立第四中学校	齐树芸	35	8	189	西什库后	民国 1 年十月
京师公立第一女子中学校	陶玄	42	6	154	内西华门南花园	民国 2 年二月
京师公立职业学校	于桂馨	14	3	51	东四什锦花园	民国 1 年
京师私立求实中学校	白致权	25	5	263	地安门外后鼓楼院	民国 1 年十月
京师私立辑英中学校	孟焕禹	11	2	63	西直门大街	民国 3 年四月
京师私立成达中学校	张庆琦	0	8	247	阜成门外	民国 4 年七月
京师私立畿辅中学校	赵之焌	18	5	193	宣武门外	民国 1 年十一月

续表

校名	校长姓名	教职员人数	学生班级	学生人数	校址	成立年月
京师私立山东中学校	冷家骥	21	4	66	化石桥	同
京师私立河南中学校	张立群	18	4	126	达智桥	民国8年四月
京师私立安徽中学校	余国桢	17	3	94	后孙公园	民国3年十二月
京师私立尚义女子师范学校	葛文园	0	0	52	宣武门外储库营	民国3年六月
京师私立尚义师范学校	张选甫				阜成门外石门	民国8年十一月
京师私立职业学校	史熙敬				西什库后库	民国14年五月
北京私立豫章中学校	谭福				八角琉璃井	民国8年五月
励志中学校	刘琳	22	3	120	府学胡同	民国10年十一月
平民中学校	陈垣	17	3	141	西四帅府胡同西口礼路胡同29号	民国11年三月
京师私立民治中学校	傅岳棻	26	4	96	西城背荫胡同	民国13年四月
京师私立大同中学校	谭熙鸿				景山东街山老胡同	民国13年六月
京师私立南纪中学校	傅岳棻				护国寺花枝胡同	民国13年十月
京师私立盛新中学校	苏国璋	10	3		西南门内刘兰塑	民国13年五月
京师私立若瑟女子师范学校	李义	13	3	86	西什库	民国13年十一月
京师私立佑贞女子师范学校	马际云	9	2	53	西什库仁兹堂	民国14年三月

续表

校名	校长姓名	教职员人数	学生班级	学生人数	校址	成立年月
京师私立培根女学中学部	英秋	28	10	316	府右街	民国 14 年五月
京师私立弘达学院中学部	吴宝谦	21	5	324	西城大沙果胡同	同
北京私立女子两级中学校	熊崇煦	21	4	142	英子胡同	民国 12 年六月
京师私立春明公学中学部	冯祖怡	19	2	46	大将坊胡同	民国 14 年六月
京师私立志成中学校	王桐龄	24	4	141	机织卫胡同	同
京师私立华北大学附属中学校	蔡元培	19	2	70	西安门外大街	民国 14 年八月
京师私立大中公学中学部	蔡元培				东安门内骑河楼蒙福禄馆	民国 14 年十一月
京师私立清明中学校	王飞				内务部街口大方家胡同 52 号	同
京师私立西城中学校	洪遴	18	1	25	宣内头发胡同 22 号	民国 14 年十一月
私立北京学院中学部	马广达				府右街恃恃房 12 号	同
私立怀幼中学校	李大径				西城南小街东皇城根 25 号	民国 14 年十一月
京师私立怀幼中学校	柏维审	16	1	50	安定门宽街中间	同
京师私立群化中学校	陈映璜	22	3	77	西河沿 186 号	民国 15 年一月
京师私立自强中学校	邓维屏	13	1	20		民国 16 年三月

资料来源：《北京近代中学教育史料》下册。

截至 1952 年的 32 年来，成达中学共毕业高中 11 个班、初中 37 个班。

师资力量

成达中学的历任教师基本拥有大学本科毕业学历，极个别为本科肄业学历或专科毕业学历，其中不乏出国留学生。

1931年任课教师学历情况：黎世蘅（校长），日本东京国立大学毕业；秦宗尧（国文），北京大学肄业；沈汝直（英文），清华大学毕业；胡瀛川（数学），日本广岛高等师范毕业；张兰春（历史地理），北平大学法学院毕业；张仁辅（生物植物），日本东京高等师范毕业；缪辉曾（工艺），北平师范大学毕业；全庚靖（图画），燕京大学毕业；洪景漪（音乐），上海美专毕业；富一厂（体育），民国学院毕业；鲁仁侯（党义），北京法政大学毕业。

1940年任课教师学历情况：王同烜（物理、教务主任兼代校长），两江优级师范毕业；李勤修（修身、历史），北平大学毕业；郭纯熙（国文），北平大学毕业；毕蔚生（历史），河北大学毕业；张树莱（日文），日本东京高等工业学校毕业；荆超（英文），上海沪江大学毕业；马宝珍（英文），北京大学毕业；郑季伟（国文、法文），北京大学毕业；范庆涵（数学），日本东京高等工业学校毕业；朱景新（数理化），北平师范大学毕业；王金钹（地理），国立北京高等师范毕业；佟慎修（数学、生物、化学），北平大学毕业；吴之宏（劳作），上海沪江大学毕业；孙瑞明（音乐），燕京大学毕业；马允济（劳作、自习指导），沪艺专科毕业；赵振绩（体育），中国学院毕业；米宗海（国术），直隶高师毕业；孙国桢（事务主任兼图书仪器管理），南京中学毕业；濮堃森（会计主任兼文牍），南京中学毕业；金寿年（事务员），市立一中毕业；张效增（教务员），通县师范毕业。

1948 年任课教师学历情况：戎书城（校长），日本帝国大学毕业；佟慎修（数学），北平大学毕业；范庆涵（数学），日本东京高等工业学校毕业；杨正培（国文），北平朝阳大学毕业；阎郁周（地理、音乐），日本东京高师毕业；俞士镇（国文），北京中华大学毕业；姜永龄（英文），北平师范大学毕业；范德庸（生物、博物），北平师范大学毕业；王永（化学），中国大学毕业；毕蔚生（历史、地理），河北大学毕业；陈淑贞（英文），北京师范大学毕业；徐先振（国文），辅仁大学毕业；齐振祎（物理），辅仁大学毕业；王荫梓（英文），北京大学毕业；左锦明（体育），北京师范大学毕业；黄均（图画、劳作），中国书画研究院毕业；苏观洲（历史、地理），朝阳大学毕业；李占魁（公民），中国大学毕业；吴树德（军训），中央军校毕业；郭悦哲（教务主任），中国大学毕业。

经费来源

第一，学生缴纳的学费、宿费等。民国 19 年（1930）成达中学呈北平市教育局年度预算表显示：每学期每人缴纳学费 24 元、杂费 14 元、宿费 10 元、书籍费 6 元、体育费 2 元、制服费 12 元、膳费 36 元，共计 104 元，每年共缴 208 元。

第二，北礼士路 19 号校舍部分房产出租所得（1938 年之前）。1931 年成达中学呈北平市教育局年度预算表显示："本校有余房产约值银五万元，租与中法大学孔德学院应用订立合同每月租金计洋六百元，按月拨付，全年共收租金七千二百元。"1938 年 7 月，北礼士路 19 号校舍被日伪强占，该项收入自此断绝。

第三，中法教育基金委员会拨款。自 1933 年起，成达中学因设立法文班，每年向中法教育基金委员会申请拨款补助。1937 年，此款项为 2215 美元，折合国币 7309.5 元。

第四，董事会筹资。20 世纪 30 年代董事会每年筹得约 16000 元。

民国 20 年（1931）的财务报表显示，当年的支出情况：教员俸给每月计 210 元，全年 2520 元；职员俸给每月计 300 元，全年 3600 元；校役工食每月 40 元，全年 480 元；图书购置每月 30 元，全年 360 元；仪器购置每月 20 元，全年 240 元；标本购置每月 20 元，全年 240 元；消耗费每月 100 元，全年 1200 元；计每月支出 720 元，全年 8640 元。

教职员工资待遇

民国 20 年（1931）的财务报表显示：罗伯麓（训育主任，兼职国文），每周 4 课时，月薪 24 元；秦宗尧（国文），每周 2 课时，月薪 12 元；沈汝直（英文），每周 6 课时，月薪 36 元；胡瀛川（数学），每周 5 课时，月薪 30 元；张兰春（历史、地理），每周 4 课时，月薪 24 元；张仁辅（生物、植物），每周 4 课时，月薪 24 元；缪辉曾（工艺），每周 2 课时，月薪 12 元；全庚靖（图画），每周 2 课时，月薪 12 元；洪景漪（音乐），每周 2 课时，月薪 12 元；富一厂（体育），每周

2 课时，月薪 12 元；鲁仁侯（党义），每周 2 课时，月薪 12 元；黎世蘅（校长），月薪 60 元；罗伯麓（兼职国文），月薪 40 元；张金鳌（庶务），月薪 30 元；谌亚达（图书），月薪 30 元；饶挐伯（会计），月薪 30 元；马克荣（讲义），月薪 25 元；孙继薰（注册），月薪 25 元；郑传愈（文书），月薪 25 元；包文斌（书记），月薪 15 元；张友焜（校医），月薪 20 元。

校歌歌词

成德达材，社会中坚；基桢缔造，肇始青年。努力爱春华，及时着先鞭；撷文明之茂实，扬智慧之灵泉。步武前贤，薪火长传；舍我青年，大任更谁肩。

校旗

校旗从右向左有四个大字——"成达中学"。

校旗

校址变迁

1920 年 8 月，迁入阜成门外北礼士路 19 号新校园（现新华印刷厂）。1938 年 7 月，阜成门外北礼士 19 号校舍被日伪新民印书馆侵占，学校迁至中南海公园内东四所。1949 年 6 月，奉令迁移，中南海校址为中央人民政府收用。1949 年 7

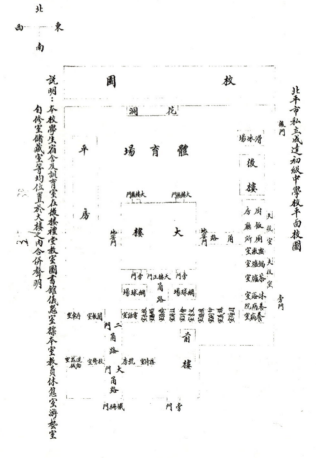

北礼士路校园平面图（选自档案第 27 袋第 19 页）

月，迁至阜成门内王府仓胡同 46 号和大水车胡同 12 号，是为租用原私立镜湖中学校舍。1952 年，私立上义中学并入，改为公立北京市第三十八中学，上义中学马尾沟校舍改为男生宿舍。1954 年 9 月，改为北京市第四十二中学，迁至阜成门外八里庄新校园。

3　革故鼎新：三十八中（1952 年秋至 1954 年 9 月）

1952 年 6 月 14 日，毛泽东主席在北京的一个报告上指示"如有可能，应全部接管私立中小学"。同年 9 月 10 日，教育部发出《关于接办私立中小学的指示》，北京市做出《关于接办北京市私立中小学校的决定》。1952 年秋，北京市政府接办了 38 所私立中学（包括教会办的 15 所），决定将私立成达中学与私立上义中学合并，改为公立学校，全称北京市第三十八中学，校址在原成达中学校址王府仓和原上义中学校址马尾沟两处。

上义中学的基本情况

上义中学由法国天主教圣母会修士吉善于 1906 年创办，1911 年由城内参谋部旧址迁至阜成门外藤乡栅栏（现马尾沟市委党校院内），先后由吉善和华人修士李慎任校长，只招收有志修道的青年天主教徒，只授法语；学生称"公教生"，仅 20 余人。学生的生活费用和教学费用全部由天主教中国圣母会及其上义洋行利润提供。辛亥革命后，该校才开设国语、历史、地理、自然等中文课程。1919 年，为充实在华传教士和天主教会学校教员，学校董事会决定成立三年制的师范学校，同年 8 月改名上义师范学校；11 月呈京师学务局报教育部批准，修士张巽甫由校董会聘任为校长。1927 年迁至黑山扈（现 309 医院院内）新校址，原校址开办上义师范附属小学。1934 年奉命改为普通中学，改名上义中学。1937 年卢沟桥事变后，学校由黑山扈迁回马尾沟旧址，由刘宝忠任校长。1940 年 3 月，学校又迁回黑山扈，董事会聘请杨玉书为校长，至 1948 年由张瑞廷为代理校长。北平解放前夕，学校仅有学生 20 余人，暂时停办。1949 年后，上义中学在马尾沟原址复校，招收学生 30 余人，设初一、初二两个班，张瑞廷为校长，有教职员 9 人，大都是原上义师范学校的毕业生。

上义中学的办学宗旨和培养目标，与一般的"教会学校"明显不同。一般的"教会学校"仅由教会主办，其课程

上义中学校址

设置与培养目标则与普通学校完全相同。上义中学则类似天主教神学院，教职员不仅都是天主教徒，而且绝大多数是天主教的神职人员神甫或修士。招收的学生都是有志修道的天主教青年教徒，称为"公教生"；其毕业出路都是从事天主教业务的神职人员；他们多数来自城乡贫困家庭，学费、住宿和生活费均由教会供给，早晚都要进天主教堂从事宗教活动。

该校教学设备是当时北京市私立中学中比较齐备的，有物理、化学仪器，生物标本及挂图共 600 余件，图书 2000 余册。

与成达中学合并时，上义中学有教职员十几名、"公教生"四五十人。

除旧布新，向社会主义学校转型

两校合并后的北京市第三十八中学，很快进入除旧布新的进程。首任领导和部门主管如下。

（1）校长：吴纯性；（2）副校长：张瑞廷（原上义中学校长）；（3）教导主任：王问渔（总管教育教学）；（4）代理总务主任：刘剑秋；（5）团委专职书记：唐继赤（中共党员，1953 年因故调走）、杜森（中共党员，1954 年初调入）；（6）少先队总辅导员：刘毓庄（中共党员，1953 年暑假改作人事干部）、林淑贞（1953 年暑假调来）。

【相关链接】

吴纯性，毕业于北京师范大学数学系，中共地下党员。曾

吴纯性

任北平私立大中中学教务主任，1952 年调任成达中学校长，后任三十八中校长、四十二中校长，1955 年调离。

关于中共党支部，1952 年调进党员张兴伟（历史教师），招进学生党员左秋仙、聂智华等；1953 年发展李蕴秀、刘凤魁两名学生党员。三十八中先是与北京市第三女子中学联合组成党支部，后于 1953 年下半年单独组建党支部。

三十八中党组织不断发展，全面开展各项工作，越来越深入地影响着绝大多数师生的思想。青年团组织的发展也很快，绝大多数班级建立了团支部，团组织成为全班同学积极向上的核心力量，学生会、少先队活动逐步正常开展起来。

虽然广大师生积极追求真理，积极接受新思想，但是受长久以来旧社会的影响，一些师生头脑中不可避免地存在着落后以至反动的思想意识。一个班上生物课时讲到进化论，有一个学生居然站起来说："老师你承认你是猴的后代吗？我不是，我是上帝造的。"这位教师怎么回答呢？"你请坐，我和你的看法是一样的，但政府规定让这么讲，我只能这么讲。"在上语文课时，老师讲："五一国际劳动节快到了，我们应给朝鲜前线的志愿军写封慰问信。"一个学生居然在下边大声说:"老师你老老实实讲你的语文课,哪有那么多废话啊!"由此可见在师生中开展思想引导和政治教育已成必须。

为肃清封建买办、法西斯思想,划清敌我界限,解决立场、政治态度和为谁服务的问题,学校按照北京市的要求,在教职员工队伍中开展了思想改造教育运动。

1952年下半年至1953年上半年,按市、区的部署,学校组织教职员参加忠诚老实学习运动。按照中央"启发自觉、不追不逼、认真审查、宽大处理"的方针,经过认真学习,教职员思想认识有所提高。

为加强师资队伍建设,市教育局分配调入三十八中一批教师,如文巨智(物理)、杨维新(地理)、陈棣清(政治)等。尤其是1953年暑假,北京市政府从已考上大学的高中毕业生中选留6位,分配到三十八中任教。他们是:朱金石(数学)、林淑珍(少先队总辅导员)、刘子厚(语文)、郝良善(教导干事、化学)、王宏敏(美术)、王增贵(历史)。他们的到来,为三十八中注入了有生力量。

经过两年多的工作,学校正常教学秩序已基本建立,学生组织纪律性大有提高。学校各项工作都能积极开展起来,已是一所运行正常的中学。

截至1953年暑假,学校的规模为:初一两个班(在马尾沟上课),初二六个班,初三两个班,高一两个班,学生共600人左右。女住校生住王府仓校舍,男住校生住马尾沟校舍。

三十八中校址

4 跻身北京一流：四十二中　师院附中
（1954～1977 年）

新中国成立初期，伴随着欣欣向荣的社会主义建设，教育事业也展现出蓬勃发展的新气象。新的教育方针、新的教育理念、新的教学环境，激励教育工作者以前所未有的热情投入教书育人的工作中。

方方面面呈现新气象

1954 年暑假，学校从阜成门内王府仓迁到阜成门外八里庄新校舍，改称北京市第四十二中学。

新校址占地面积 49.2 亩，规划建筑参照当时先进的苏联模式，建有 1 座教学楼，内有 24 间标准教室、9 间教师备课室。教学楼西跨楼有 8 间每间 70 平方米以上的专用教室（主要是实验室），东跨楼有 10 间办公室和图书馆、大会议室。另有 1 座礼堂兼学生大餐厅；两座宿舍楼，其中男生宿舍、女生宿舍各 1 座，共可住宿五六百名学生。有设备齐全的体育场地（如有 300 米跑道的田径场、6 个篮排球场）及各种运动器械。一般来说，在新中国成立初期，北京市中小学校舍大多数是利用旧王府、旧庙宇或没落庭院改造而成。四十二中这样的校舍条件，在当时堪称全市第一流。这为办好学校提供了良好的物质条件。

阜外八里庄新校址

校园东侧，一路之隔是正在建设中的北京师范学院；南、北、西三个方向是广袤的庄稼地和菜地。开凿于金代而盛于清代的南长河源于玉泉山绕经校园西南，蜿蜒注入玉渊潭（于 20 世纪 60 年代疏浚扩展为昆玉河），形成波光

潋滟的一衣带水。春夏之际，田野里扯起一望无际的青纱
帐；秋收季节则是满眼的红高粱、金玉米、黄菜花，莺歌
燕舞，蜂拥蝶飞；冬季则是银妆素裹的洁白世界，校园西
侧建于明万历年间的慈寿寺古塔风铃摇动，诉说着思古之
幽情。那时没有"空气污染"这个概念。雨后的天空一碧
如洗，站在操场抬眼就能望见燕山山脉的层峦叠嶂，玉泉
山上的亭榭都能尽收眼底。所以，半个世纪之后有校友深
情回忆道：那时的校园是童话中的校园，那时的生活是童
话中的生活。

玲珑塔

　　这时的四十二中隶属关系极为特殊，其办学地点位于海淀
区，上级行政领导及财政拨款单位为市教育局，党组织关系则
在中共西城区委。到 21 世纪，这种特殊的隶属关系则沿革为

学校党团组织和人事由首都师范大学管理，财务由北京市教育局拨款，招生毕业分配由海淀区统一安排。这样的隶属关系在北京市堪称绝无仅有。

1954 年 9 月，首任领导班子为：校长吴纯性（1955 年正式调离）、副校长艾友兰主持全面工作，副校长秋粟主抓党的工作，教导主任王问渔全面负责教育教学工作。1958 年，四十二中改为北京师院附中，校长一度由北京师院副教务长朱学兼任（实际从未主持附中工作），副校长艾友兰继续主持全面工作，副校长秋粟全面负责党的工作，教导主任为赵幼侠，总务主任为陈玉珩。1962 年，领导班子调整为校长艾友兰，党总支书记秋粟，副校长王浒（由共青团北京市委调来），教导主任赵幼侠，副教导主任杜森、郑景廉、赵崇义，总务主任陈玉珩。艾友兰（中国大学）、秋粟（北京大学）、王浒（清华大学）均为新中国成立前参加革命的大学生，经受了抗日战争和解放战争的锻炼，有资历、有文化、有魄力。其他成员同样有专业、有经验、有能力。以后又陆续培养提拔了一批年轻干部，如刘凤魁、李蕴秀、蔡国祥、霍恩儒等。这形成了1954 年至 20 世纪末长达半个世纪的学校领导核心。这样一个相对稳定的班底，有利于保证其教育思路相对一致、办学风格相对统一、教育理念一脉相承，带领学校师生团结奋斗、勇于进取、求真务实，一步一步走向辉煌。

【相关链接】

艾友兰，1926 年生。抗日战争和解放战争时期担任中共

艾友兰

北平地下党交通员，参加爱国民主运动。1949年加入中国共产党，同年毕业于中国大学。北平解放后，奉派接收私立新中中学。该校改为北京市第三十四中学后，担任党支部书记、副校长。1956年起先后担任北京市第四十二中学副校长（主持工作），北京师院附中副校长、校长和党总支书记。"文革"期间遭受迫害，1984年离休（局级待遇），2010年去世。

李明忠、汪家镠、王浒、艾友兰、杜森、蔡国祥
21世纪初合影（从左至右）

1951 年暑假，成达中学开始招收女生，但是男女分班。1954 年暑假，四十二中开始实行男女混班。在生源方面，此时的四十二中与正志中学的贵胄化和成达中学的市民化有了明显不同。主要有以下三类生源。

其一，附近玉渊潭乡、四季青乡的农民子女。他们大部分家境贫寒，对于能够进入四十二中这样优越的环境中学习，无不格外珍惜，因此学习刻苦，求知欲强，敬师长，遵纪守法。凡是参加与生产劳动有关的课程或活动时，他们都会显示出天生的优势。那时入伙生每月的伙食费是 9.6 元，对于大多数农民子女来说是一笔难以支付的款项。于是，他们每天带着一个手缝的布袋，装入两个窝头或两块白薯，外加一块咸菜，早上放进学校食堂为带饭生准备的蒸笼。这就是他们日复一日的午餐。尽管如此，他们总是吃得津津有味，从内心洋溢出愉悦与幸福。因为在他们看来，能吃饱饭还能上中学，就是鲤鱼一跃跳进了龙门，改变命运的道路就伸展在自己脚下。

其二，解放军总后勤部、海军司令部、空军司令部、装甲兵司令部、工程兵司令部等军兵种的机关大院以及空军总医院、海军总医院、公安部队医院等军队干部子女和一些地方机关的干部子女。这部分学生家庭经济条件好。很多人骑着自行车，戴着手表，而这每一样东西对一般的干部工人来说，相当于他们两个月的工资，是可望而不可即的奢侈品。这部分学生打开饭盒时，会有白米饭、煎鸡蛋或红烧肉这些一般人在年节才能享用的佳肴。他们经受部队机关的熏陶，见多识广，思想活跃，学识上接受得快，擅长文体，拥有雄心大志，从一入学就明确把哈尔滨军事工程学院当作奋斗的目标。他们中的很多人毕业后参军入伍或考取军事院校,以至四十二中毕业的将军和高级警官有数十人之多。

其三,自1955年还有一个特殊的生源——归国华侨学生。新中国成立后,大批爱国华侨(东南亚为主)愿意把自己的子女送回国上学,将来参加祖国的建设;同时一些国家采取"排华"政策,导致在该国的华侨子女不能在当地继续学业,被父母送回国上学。回国后,他们先在北京华侨补习学校或广州华侨补习学校补习一段时间,然后由北京市教育局集中分配在几所条件好的中学(四十二中就是其中之一)学习。这部分学生从肤色、装束到表达方式都与国内同学有着明显的不同。他们衣着鲜艳,领口低一些,裙口高一些,男戴戒指、女戴项链,语言中夹杂着英语和马来语,就餐时经常拿出一些令人眼花缭乱的罐头食品。他们中一些人拥有的自行车是从国外带回来的"凤头""三枪""飞利浦"等名牌,其锰钢、线闸、大链套,比军队大院子女的国产坐骑"飞鸽""永久"又高出几个档次。他们带来了盛传一时的《梭罗河》《哈罗万隆》《宝贝》《顶罐舞》等东南亚音乐歌曲。这个群体为学校带来浓郁的异国风情。尽管他们的生活方式与内地同学有着诸多不同,但是其游子归来的爱国热情表现得炽烈而真挚。他们刻苦学习,追求进步,迫切要求加入共青团,为学校注入了一股积极向上的正能量。

在学生的眼里,自己的学校与自己的祖国一样,所有一切都是焕然一新。只是住校生偶尔会发现,一部分榆木制双层床

**1963 届华侨毕业生关彩心、杜惠娥、
关月爱（后右一至右三）于 1999 年回母校看望老师**

的床腿部，隐约可见"成达中学"的模糊字样。

　　具有不同文化背景（军队大院文化、本地农村文化、东
南亚文化）的学生群体，在同一所学校里得到师长的悉心呵
护和精心培育。他们和谐共处、互帮互学，逐渐形成了自己独
具特色的校园文化。

　　1954 年 6 月，中共北京市委通过《关于提高北京市中小
学教育质量的决定》，把培养和提高教师水平、充分发挥教师
的积极性作为提高教育质量的中心环节。四十二中经过一段时
间的努力，形成了一支学有专长、年富力强的教师队伍。新校
园、新队伍、新生源、新机制……初期的四十二中以前所未有
的新面貌、新风气在北京市中等教育中迅速脱颖而出。恰在此
时，四十二中迎来得天独厚的机遇——改为北京师范学院附属

中学。1958年9月1日，当艾友兰校长在大操场向全体师生宣布这个消息时，在场师生瞬间一片欢呼雀跃。

北京师范学院是北京市属唯一一所高等师范院校，集中了全市的教育精英。作为附中，自然是近水楼台，师院的先进教育理念、教育方法和教育信息以及教育科研成果会及时传递给附中。与此同时，在诸多方面将资源共享，附中可以使用师院的图书馆、运动场、游泳场，可以去师院礼堂看外文电影；师院则把附中当作教育实践基地，在附中实验科研成果，让毕业生在附中实习。尤其是师院党委做出一项规定，附中每年可以在师院择优遴选一批应届毕业生到附中任教。这些毕业生等同于具有了师院的留校资格。这一规定使师院附中在教师资源方面，拥有其他中学求之不得的优势。

这个时期，四十二中的师资主要来自以下三个方面。

其一，复转军人。他们中的很多人具有高等教育背景，在部队从事文化或文职工作，经历了解放战争和抗美援朝战火的洗礼，政治成熟、作风干练、认真负责。

其二，新中国成立初期优秀高中毕业生。他们大部分已被大学录取。当时，北京市委号召加强中学教师队伍，动员他们留中学任教，保留其大学录取资格两年。两年后，他们可以再入大学就读。这些热血青年响应号召，服从需要，积极投身中学教育事业，一面工作一面进修。他们不仅教给学生学业知识，更以自身的经历彰显了个人自觉服从国家需要的高尚品质。

其三，北京师范学院优秀毕业生。按照北京师范学院的规定，附中每年可从师院择优遴选若干优秀毕业生来校任教。这些毕业生，受过系统的师范教育，而且出类拔萃，是中等教育难得的对口人才。与此同时，北京师院陆续选调一些年轻教师到附中任教，充实师资队伍，加强干部队伍。他们为学校的发展做出了重要贡献。

此外，四十二中还从其他单位调入了一些高校本科毕业的教师。

这支教师队伍年富力强、阵容齐整、专业扎实、热心教育、积极进取，在全北京市堪称一流，从而保障教育教学质量步步攀升，为四十二中跻身北京以至全国的先进行列奠定了坚实的基础。

超第十九中学，赶第一〇一中学

如果说四十二中是革故鼎新、顺风顺水，那么师院附中则是励精图治、风生水起。1962 年，北京师院党委书记杨伯箴不失时机地提出把附中办成北京市一流水平的中学。

杨伯箴曾是中共北平地下党学委负责人之一，北平解放后历任青年团市委书记、市委教育部长等职，是北京市委《五四决定》主要起草人之一。他出任北京师院党委书记兼院长之后，以教育家的战略眼光提出，要把附中办成北京市一流水平的中学。为此，他提了两个样板学校——北京师大附中、北京市第四中学。师院附中领导班子为了实现这一目标，采取了一系列有力措施，同时结合当时的实际情况，把办一流水平学校的目标具体化，提出了"超十九、赶一〇一"的口号。北京十九中位于海淀区，与师院附中相距不远，在海淀区是名列前茅的学校。同样位于海淀区的北京市第一〇一中学原为解放区迁来的干部子弟学校，校址就在得天独厚的圆明园，办学条件在全市首屈一指，办学水平在北京以至全国都享有盛誉。而当时同属海淀区的中国人民大学附中、清华大学附中刚从工农速成中学改成普通中学，北京大学附中则是刚被接管的一所普通中学。它们尚处起步阶段。因此提出"超十九、赶一〇一"是从实际出发，"既看得见摸得着"，又需要积极奋斗才能达到的目标。这有利于充分调动全体师生员工的积极性，增强信心，鼓舞士气。

为了实现上述目标，学校实施了以下诸项举措。

第一，学校领导集中精力，全力以赴抓好教学。全校日常事务性的工作，由一位副教导主任值班处理。校长、书记、副校长、教导主任、抓教学的副教导主任，每人深入一个教研组，个别领导深入两个教研组，长期深入蹲点，经常听本组每位教师的课，听后还要做必要的讨论研究。

第二，教师努力钻研教学，提高业务水平。熟悉大纲、吃透教材、写好每一个教案、上好每一堂课，是所有教师孜孜以求的工作方式。晚上，每个教研组都是灯火通明，大家不约而同地加班备课。各学科在教学中，都有自己的经验总结和创新，如怎样帮助学生掌握好"双基"，在教学中如何加强直观性帮助学生加深对知识的理解，在教学中怎样更好地理论联系实际，等等。教学研究之风浓烈，教学方法不断改进，教学质量不断提高。

学生学习风气越来越浓，刻苦学习、成绩优秀的典型学生越来越多，全校教学质量显著提高；考入北京大学、清华大学、哈尔滨军事工程学院的学生逐年增多。

这个时期，学校教育方针的表述是："教育为无产阶级政治服务、教育与生产劳动相结合，使受教育者在德育、智育、体育几方面都得到发展，成为有社会主义觉悟的有文化的劳动者。"

第三，学校特别重视德育工作，一以贯之地唱响爱国主义教育主旋律，同时注重唯物主义、集体主义和为人民服务思想的教育，注重涤除封建主义、唯心主义等思想残余；加强政治课教学，注意时事政治教育，对于国际国内发生的重大事情，都结合政治课进行必要的教育；进行必要的辩证唯物论常识教育，帮助学生提高分析问题、解决问题的能力。

第四，深入持久开展学习英雄模范人物的活动。请全国全军著名的英雄模范人物来校做报告，其中有吴运铎、孙乐义、舒积成、倪志福、张百发、李瑞环、时传祥、李墨林等。组织深入学习雷锋、焦裕禄等英雄模范。后来成为国家领导人的李瑞环，当时是北京建筑工程公司的一名青年职工，数次来校讲述脍炙人口的人大会堂"放大样"哲学。他挽起一条裤腿骑一辆简装的旧自行车，上台前把裤腿撸下来，讲完后再把裤腿挽上去骑车而别。

第五，通过共青团组织，开展适合青年的丰富多彩的活动。初二、初三各班团支部都有了一定的规模。高中各班团员人数在班里的比例都达到70%左右，少数班超过80%。在创建优秀集体过程中，团支部都能起到团结全班的核心作用。由于团的工作卓有成效，团委书记刘凤魁被评为北京市先进工作者，后来被选拔到国家旅游局和北京第二外语学院担任领导职务。此外，少先队工作也颇具特色，除了开好少先队大队会、主题中队会等活动外，还形成了传统的特色组织——少年团校。

60 年代初，由于"大跃进"的影响和连续三年的自然灾害，国家经济进入困难时期。城市中的人们开始了粮食"低定量""瓜菜代"的时期。多数师生吃不饱，不少人出现浮肿。学校领导针对困难时局，采取了一定的应对措施。一是强调劳逸结合，给师生减少课时和作业，增加休息，减少体育课运动量甚至停课。二是管好食堂伙食，千方百计开辟副食来源，给师生增加营养；设法为归国华侨同学提供生活帮助。三是开展辩证看暂时困难的认识教育和革命传统教育，引导师生同心同德、和衷共济。凡此种种，坚定了战胜困难的信心，增强了全校师生的凝聚力，保持了正常的教学秩序，同时取得了一定的成绩。1960 年，政治教研组被评为北京市文教系统先进集体，杜森（先进集体的代表）、刘凤魁（先进团委书记）、徐顺刚（先进班主任）、赵崇义（先进教师）四人，出席了北京市在人民大会堂召开的文教系统群英会。

第六，全校形成了良好的校风。共青团组织不断壮大，在学生健康成长过程中发挥的作用愈益突出。年届 18 岁的学生中，思想政治成熟的先进分子越来越多，高二大部分班已发展共产党员，高三每个班都有共产党员。学校长期把劳动教育放在思想政治教育之中，通过劳动教育，培养学生的劳动观点和劳动人民的思想感情。组织学生到农村参加"三夏"或"三秋"劳动，到矿山和机修厂参加劳动。1965 年秋，学校组织两个年级的学生参加了北京市大型水利工程——京密引水渠的修建劳动。

1960 年高一三班在玉极庵参加秋收大白菜劳动

第七，加强体育课教学，不断提高体育教学质量，帮助学生掌握科学的锻炼方法，养成运动锻炼的习惯而终身受益。学校春季运动会已经形成传统。各班都像迎接节日一样迎接校运动会，摩拳擦掌，积极备战。每年校运会开得很精彩。每年开展班级篮球赛，各班组成男、女代表队参加比赛，带动众多学生积极参加课余篮球运动。校篮球代表队在各级比赛中获得优异成绩：1963 年北京市中学生篮球联赛，获男高第三名，女初第五名；1964 年北京市中学生篮球联赛，男篮 1948～1949 年出生年龄组荣获北京市第一名；1965 年海淀区中学生篮球比赛，获初中、高中、男、女共四个组的第一名。篮球队中的一些人后来成为全国篮球明星，如黄频捷成为国家篮球队的运动员、队长。范小娟、侯小平是中国人民解放军八一女子篮球代表队运动员。陈美虹（女）成为篮球国际裁判。

"文革"十年，灾难深重

正当北京师院附中跨入北京市一流中学的行列、再接再厉攀登新高峰时，突如其来地遭遇了"文化大革命"使其不懈的努力戛然而止，美好的愿望顿成泡影。1966 年开始的"文革"是一场给全国人民带来严重灾难的内乱，其爆发的标志性事件是 6 月 1 日中央人民广播电台播发北大聂元梓等人"全国第一张马列主义大字报"及《人民日报》评论员文章。然而，北京师院附中学生的"造反"行动要早 20 天。5 月 10 日，北京师院附中即发生煽动造反的"高一（1）事件"，继而发生 6 月 7 日冲击广播室制造乱局的"六七事件"及 6 月 16 日残酷批斗校领导和党员干部的"六一六大会"，由此彻底搅乱学校秩序。学生不上课，教师被批斗，打砸抢横行。一名女教师和一名外校学生被活活打死。随后军训团进校，成立革命委员会，造反派掌权；"工宣队"进校，清理阶级队伍，清查"五一六"阴谋集团，反"复辟回潮"……一个运动接一个运动。1970 年，遵照北京市人防指挥部的指示，北京师院附中在校内深挖防空洞。土方倒塌，致使六名师生被深埋地下而丧生。殉难的教师赵崇义，原是历史教师，曾出席北京市文教系统群英会，是北京市先进工作者，后任副教导主任；殉难的 5 名学生都 15 岁左右，其中两个还是独生子女。

这期间，全市 1966 年、1967 年、1968 年三届初高中毕业生，既不能升学又不能就业，积压 400 多万人。当时中央动员知识青年上山下乡，他们只有择此出路。北京师院附中"老三届"学生大批去了内蒙古、山西农村插队当农民，一部分去了黑龙江生产建设兵团，另有少部分入伍当兵或去"三线"当工人。在"老三届"上山下乡之后，大学、中专、中技等仍未招生。因此，后面几届初中毕业生只能被安排到北京郊区农村插队当农民。

1972 年，北京市决定恢复试办高中，北京师院附中开始招收高中生，但是没有正规课程，以学工、学农为主。

"文革"十年是灾难的十年，对于北京师院附中而言，也是荒废的十年、不堪回首的十年。

5 北京市重点中学：师院附中（1978～1991 年）

1976 年 10 月，中共中央粉碎"四人帮"，结束十年动乱。1977 年 11 月，中央决定从学校撤出工宣队、军宣队，取消"革委会"，恢复党组织领导下的校长负责制及原有的教育体制。1978 年 12 月，中共中央召开十一届三中全会，全面否定"文革"，实施拨乱反正重大措施。

鉴于"文革"期间广大干部、教师遭受迫害，当时的政策是如本人不愿留在原单位继续工作，可以调离安排其他岗位。北京师院附中校长艾友兰决定留下来；副教导主任杜森已得知自己被调至另一所中学任校长，经过慎重考虑也决定留下来。他们共同的想法是与热爱本校的教职工一起拨乱反正，重整山河，把被"文革"摧残的学校重新建设起来，实现"办成北京市一流水平的中学"的夙愿。1978年，经中共北京师院党委批准，北京师院附中领导班子成员如下。

时间	校长	书记	副书记	副校长
1978~1984年	艾友兰	艾友兰	蔡国祥	马常蕙、杜森、蔡国祥、李明忠(后增加)
1984~1991年	杜森	蔡国祥	艾友兰(退居二线)	霍恩儒、李明忠、王玉瑄(后增加)

【相关链接】

杜森

杜森，1932年出生，1953年加入中国共产党，北京市第六中学1954届高中毕业生，同年3月提前毕业被分配到北京第三十八中学任团委书记，1954年起先后任北京第四十二中学政治教师、政治教研组组长，1961年初起先后任北京师院附中副教导主任、教导主任，1978年任副校长，1984年任校长，1993年退休。

领导班子决定坚决贯彻党的教育方针，按教育规律办事，立足科研兴校，办出特色，实现"四个一流"：一流的办学理念；一流的师资队伍；一流的教学设备和育人环境；一流的校风和教育质量。

按照这个思路，学校制定《北京师院附中长远发展规划》《北京师院附中教学基本规程》《教师工作手册》等规章，团结全体教职工艰苦奋斗。学校得以高速度发展，教学质量得以大幅度提高。

在1966年"文革"开始后，北京师院附中曾被划归海淀区教育局管理。"文革"结束后，1978年4月29日，中共北京市委批准市教育局《关于北京师院收回北京师院附中的报告》，并明确规定，北京师院附中党团组织、人事由北京师范学院管理，财务由北京市高教局管理，招生毕业分配由海淀区统一安排。

北京师院附中由海淀区管理时，被定为海淀区属重点中学；回归北京师范学院后，1978年教育部颁发《关于办好一批重点中小学试行方案》，北京师院附中被北京市确定为首批办好的市属重点中学（共25所）之一。

此间，学校主抓了以下几方面的工作。第一，强化教师队伍建设。一是调整充实师资队伍。从北京师院优选毕业生留附中任教，调入一批素质高的中年教师，接受优秀大学毕业生，给学历较低的教师创造继续学习和进修的条件，给他们安排适当的工作。二是组织在职教师培训，为其提供条件续学历。全体教师积极参加进修学习。三是开展教育科学理论学习，提出"不做教书匠，要做人民教育家"的口号，激励每位教师力争做学者型、研究型的教育家，而不是单纯经验型的教师。四是重视名师培养，鼓励教师在教学中改革创新，形成自己的教学特色和成果，支持教师参加区、市、全国的学术和讲学活动，提高教师的知名度。经过几年的努力，涌现一批学界名师。五是关心教师的政治进步。截至 1991 年，有 23 名教师光荣加入了中国共产党。六是改善教师的生活条件，1979 年在校园南侧建起两排平房宿舍，1984 年在校园北侧建起教工宿舍楼。在 80 年代，这样的住房条件确实令人羡慕。

上述措施的实施，使学校在相对较短的时间内，建成了一支高级教师 32 名，一级教师 58 名，市、区教研员 15 名，学历结构、年龄结构、职称结构均属上乘的教师队伍。北京市政府特约教育督导团于 1991 年经过深入调查了解之后，给予充分肯定和高度评价，认为这样一支教师队伍在全市也是一流的。

第二，深化教育教学改革。倡导教师从事教科研，把先进的教育思想落实到教育教学实践中，从而转化成优异的教育成果。1985 年成立教科室，培训教师，开展课题研究，先后完成《中学生青春期教育》《中学生家庭教育》《学生创新性思维的培养》《我校学生学习方法的调查及分析》等课题。成立家长学校，促进家庭教育科学化。组织校际教学与科研交流，参与创办全国高级中学校长委员会①。

1983 年，邓小平给北京景山学校题词："教育要面向现代化，面向世界，面向未来。"北京师院附中遵循"三个面向"深化改革，总结推行特色教学法：（1）启发式教学法，代表教师

---

① 进入 21 世纪，全国高级中学校长委员会改称中国教育学会高中教育专业委员会，从国家三级群众学术团体提升为国家二级群众学术组织。

唐朝智（物理特级教师，1988 年被海淀区授予首届科技园丁奖）；（2）单元程序实验教学法，代表教师王绍宗（化学特级教师，全国教育系统先进工作者）；（3）《中学数学实验教材》实验，代表教师田钦（数学高级教师，国家高考数学命题组成员）；（4）中学语文课程结构改革，代表教师沈惠中（语文高级教师，语文教研组组长，海淀区教师进修学校语文兼职教研员，北京市教研部语文兼职教研员）；（5）英语课堂情境教学法，代表教师李静纯（英语高级教师，英语教研组组长）。

他们的共同特点是既符合教学规律，又有具个人特色的教学方法，最终都能达到提高教学质量的目的。

第三，全面育人，实现"北京市一流"。学校始终重视全面发展的育人原则，采取的措施更有力，坚持德、智、体、美、劳五育并举，相互渗透、相互促进。

注重以德育人。开展集体主义、学生品质、心理素质教育。更新德育内涵，倡导树立大德育观，创新德育形式——主题班会，搞活共青团工作。德育活动实现制度化、规范化。每届高中一年级抽出 10 天到第三十八集团军地炮旅军训。每年 12 月 9 日，组织学生徒步走到香山，瞻仰"一二·九"运动纪念碑，回顾"一二·九"抗日救亡运动。组织学生到十三陵林场参加植树劳动。德育工作内涵的扩展，使德育思想和方法更符合青少年的成长规律，更具实效。

篮球运动传统校。"文革"前，学校篮球运动开展得好，曾取得突出成绩。改革开放后，尤其是成为北京市重点中学后，学校被北京市授予首批篮球运动传统校，由此学校篮球运动长盛不衰，一直是令人艳羡的一朵奇葩。1983 年，市教育局给学校颁发体育卫生工作优秀奖状。

建设一流的校舍和教学设施。改造增加理、化、生实验室和专用教室，陆续建成实验楼和阶梯教室。1988 年，建成并使用的实验楼内，共有物理实验室 5 个，化学实验室 4 个，生物实验室 3 个，计算机房 2 个，外语听力室 2 个，演播室 1 个，录音、录像室 1 个。此外，音乐教室、美术教室、地理室、教师资料室、电化教室、贵宾接待室各 1 个。1991 年，北京市特约教育督导团对实验设备和图书阅览条件给予充分肯定，认为在北京市是一流的。

全面育人，体现在考试成绩上是中高考成绩在区、市范围居于领先位置。1980 年，首批统招生高考上线人数 124 人，考取清华大学 20 人，高考成绩名列北京市第四名；1981 届高二（1）班高考百分之百上线，被评为北京市先进班集体；1981 年，初三毕业生温平山，参加当年的高考，以优秀成绩被中国科技大学少年班录取，是当年北京市唯一被录取的少年班学生。1984 年高中毕业生，原为初一择优招收的学生。他们在校学习六年，高考成绩在海淀区居前列，有几个学科名列第一。此后，数学教研组取得海淀区高考成绩三连冠。1990 年，中考和高考成绩均列海淀区第一。1990 年，高二学生曹汉征获莫斯科国际俄语竞赛金奖。

北京师院附中育人成绩得到上级领导部门与社会的充分肯定和高度评价。学校于 1984 年被评为北京市文教系统先进集体，1986 年被评为北京市普教系统先进集体，1988 年获北京市优秀家长学校称号。

1991 年 5 月，北京市政府特约教育督导团对北京师院附中进行调研性督导，给予很高的评价，认为北京师院附中"不愧为一所市属重点学校，是名副其实的"，学校"全面贯彻教育方针，德、智、体几个方面都采取有力措施"，"教师队伍在重点中学中也是比较突出的"，教学设施"在全市是第一的"。

6 重点中学升级版：师院附中 首都师大附中 (1991 ~ 1998 年)

1991 ~ 1998 年，由霍恩儒担任校长，领导班子成员如下。

时间	校长	书记	副校长
1991 ~ 1995 年	霍恩儒	蔡国祥	黄建生、王玉瑄、李明忠
1995 ~ 1998 年		刘彦弟	

【相关链接】

霍恩儒，1936 年 12 月出生，1956 年 6 月在太原市第五中学加入中国共产党，1960 年毕业于北京师范学院数学系，即分配到北京师院附中任教，1976 ~ 1982 年任教务主任，1982 ~ 1991 年任副校长，1991 ~ 1998 年任校长，1998 年退休。

霍恩儒

1992 年，北京师范学院更名为首都师范大学，附中更名为首都师范大学附属中学。1994 年，中共中央政治局委员、国务院副总理李岚清为首都师大附中题词："认真贯彻德智体全面发展的教育方针，为办好我国的素质教育起示范作用。"

从严治教，科学管理

新班子提出："办一流的学校，育高素质的人才，早日实现育人环境现代化，教学设备现代化，教学管理现代化"；把学校建成校园优美、校风纯正、设备现代化的全国知名学校；打造重点中学升级版。

为此，学校制定了一系列管理制度，对领导干部提出"正、廉、严、实、爱"的五字方针。对干部、教师提出：为人师表，率先垂范，"要求学生做到的事情老师要首先做到，要求老师做到的事情校长和干部要首先做到"。

与此同时，实行民主管理、科学管理，从严治教。实施教师聘任制，建立教师评价激励机制，建设骨干教师队伍，加强对青年教师的培养。以"名师工程"为载体，通过加强教育科研，开展评优课、公开课等多种观摩、研讨、交流活动，以及培养青年教师等活动，促进骨干教师成长，加强对青年教师的培养。

通过多种形式提高教师、干部专业水平。针对不同类型教师，组织不同课堂教学观摩、研讨活动，促进多层次教师教学水平的提高。组织干部、教师参加外出培训、考察，扩大教育工作视野。

全面提升教育教学和科研水平

把德育放在学校工作的突出地位。强调搞好德育工作才能为学生智、体、美、劳的发展奠定良好的基础。为此要处理好"德育领先和以教学为中心"的关系，树立从"应试教育"向"素质教育"转化的指导思想，把握好德育工作的方向和层次，重视德育的实践性和实效性。

抓队伍，树典型，培养德育工作骨干力量。面对学生开展德育工作的主力，是分管德育工作副校长领导下的政教处、各年级组长和班主任。抓好这支队伍从不同方面分工合作开展工作。

拓宽德育途径，注重实效性。抓好经常性的教育活动：升旗仪式和周一国旗下的讲话；初中的建队、退队建团仪式和学校团委、学生会换届选举；评三好生、优秀干部、优秀团员和"成达杯"奖学金获得者；起始年级的学前教育；寒暑假举办学生干训班。开展主旋律的教育工作：爱国主义、集体主义、为人民服务思想是学校德育的主旋律，社会、学校、家长三者很好地配合是取得良好教育效果的关键。组织好社会实践活动：严格按国家教委规定，从不同年级学生特点出发，组织学生参加生产劳动、军训、社会调查、政治宣传和公益活动。初中以到社会上参观、学习为主；高一年级进行10天军训，与解放军战士同吃、同住、同训练；高二年级到天津郊区盘山德育基地，吃住行在集体中，进行参观烈士陵园、开展农村社会调查3天的系统教育活动，并利用寒暑假参加社会公益劳动。

放手让学生组织开展学生自我教育的活动，如"红五月歌咏比赛"、"一二·九"远足、"振兴杯体育比赛"、"艺术节"、"英语周"、"课本剧大赛"、"歌手大赛"等文体学习活动和专题报告、社会服务以及文明班评比活动,从而使学生受到教育和锻炼。

1994～1995年,学校被评为北京市德育先进校,1996年被评为海淀区"质量先进校"和"四优四无校"。

深化教学改革,强化教学管理。改革课程设置和教材编写模式,改变一种教材一统天下的局面,对各学科教材的编写也不断地进行改革尝试。引进计算机系统,开设计算机选修课,倡导在课堂教学上运用现代化教学手段。

创造科研氛围,培养科研型教师。从80年代附中成立教育科学研究室全面指导学校的教育教学改革开始到90年代,教育科学研究室连续被海淀区评为先进集体,教科室主任被评为海淀区的先进个人。持久的群众性教科研活动,提高了教师的素质,极大地推动了学校各方面工作的开展,为1993年10月由首都师大附中牵头成立,全国各地100多所重点中学参加的"全国知名中学科研联合体"打下了基础。

开放交流,走出国门

1993年,由首都师大附中发起成立"全国知名中学科研联合体",总部设在首都师大附中;1998年,总部迁至北大附中,更名为"全国中学教育科研联合体"。科联体成立后,最多时凝聚了全国各地的360多所知名重点中学。作为一个整体"优势互补、资源共享"的科研组织,科联体通过承担参与教育部课题研究任务,会议研讨、专题培训,成果出版,校际互访,国内外教育考察等多种形式,共同研究中学面临的学校管理与发展中的种种教育教学热点问题，为中国的中学教育科研做出贡献；获得教育部高度认可，赢得各地重点中学校长、教师的高度赞誉。

　　1993 年 10 月，霍恩儒校长作为全国重点中学校长代表团成员赴美访问。此行是首都师大附中第一次走出国门，开始用国际化的视野审视教育，是首都师大附中国际化进程的第一步。随后，首都师大附中先后派干部、教师走出国门，到美、俄、韩、日、澳大利亚以及我国澳门特别行政区、香港特别行政区开展了教育交流活动。1996 年 9 月，为迎接澳门回归，北京市选派教师到澳门支援濠江中学建设。全市共需要 5 位教师，派出闫红、杜若兰、梁宁康前往澳门濠江中学任教。3 位教师在澳任教期间表现优秀，受到高度好评。1997 年，首都师大附中与香港西岛学校签订《友好学校协议书》，为贯彻"三个面向"走出坚实的一步。

7　北京市示范性高中：首都师大附中
（1998～2011 年）

　　1998～2011 年，由石彦伦担任校长。领导班子成员如下。

时间	校长	书记	副校长
1998～1999 年	石彦伦	刘彦弟	黄建生、王玉瑄、李明忠
2000～2004 年		石彦伦	张国玺、刘强、李明忠
2005～2007 年		金晓莉	梁宇学、刘强、胡庆生、张国玺
2008～2011 年			沈杰、刘强、梁宇学

石彦伦

【相关链接】

石彦伦，教授，1982年毕业于北京师范学院，先后就职于首都师范大学教育学院、文学院和政法学院，1998～2011年任首都师大附中校长，获北京市优秀教师、北京市先进工作者和北京市教育学会授予的"杰出校长"称号。

"示范性普通高中"建设

根据北京市教委关于申办示范性普通高中的相关规定，首都师大附中于1999年6月提交示范校建设申请，10月通过海淀区教委的评估，2000年7月获市教委的建设批准。经艰苦努力，首都师大附中于2001年12月通过验收评议委员会专家的严格评议并全票通过。2002年9月，市教委发文，认定首都师大附中为"北京市首批示范性普通高中"并颁牌。2002年，海淀区人大、政协会议提出要建设更多的像首都师大附中和人大附中一样优秀的、高质量的学校。

以"全面提升教育教学质量"为根本任务，以"国内一流、国际知名"为办学目标，首都师大附中进行全面的改革创新，使其社会评价和综合实力大幅提升，成为北京市基础教育现代化的领头羊。2007年，首都师大附中获教育部、人事部颁发的"全国教育系统先进集体"称号。

办学规模及示范辐射。1998年始，首都师大附中高中

一、二年级各有 9 个教学班，高中三年级有 10 个教学班。2001 年，经海淀区教委批准，本校创办"六年一贯制创新教育实验班"，招收初中一年级学生，每年招收 2 个教学班，后逐步扩大到 4 个教学班，本部在校学生始终保持在 1800 人左右。

教育部、北京市倡导"名校办分校"，以解决优质教育资源稀缺带来的问题。本校与海淀区合作创办北京市师达中学，承办门头沟区首都师大附中永定分校和昌平区首都师大附中北七家分校。海淀区原育强中学划归本校，成为西校区。与此同时，学校承接河北、山西、山东、东北、新疆及北京房山、密云等地区派来的多批次教师培训和干部挂职锻炼任务。

率先发展国际化教育

1999 年，首都师大附中除与韩国恩光女中、日本鬼石町中学有友好交流关系外，又与日本佐世保南高中、澳门的濠江中学建立了友好校关系。2000 年，与德国柏林门采尔中学建立友好校关系。2001 年，与英国纽卡斯尔市的步行者学校建立友好校关系。

开办国际部，招收外国留学生。2002 年 2 月，北京市教委批准首都师大附中招收外籍学生的申请。3 月，本校成立国际交流部。国际交流部每年招收 30 名左右的外籍学生。外籍学生分别来自韩国、美国、德国、匈牙利、捷克、墨西哥、泰国、加拿大、法国、巴拿马、哈萨克斯坦、塔吉克斯坦、俄罗斯、蒙古等国。

　　首都师大附中陆续与法国里昂的夏尔顿学府、泰国的皇家马可学校、日本的涩谷慕张学校、我国香港的圣士提反女中、美国的德怀特学校（The Dwight School）和捷门棠学校（Germantown Academy）建立友好校关系。2007年10月，首都师大附中被国家汉办批准为"汉语国际推广中小学基地"。

　　为贯彻全国孔子学院第一次工作会议提出的"开创孔子学院和国际汉语教育与推广事业新局面"的要求，经上级批准，首都师大附中与美国费城的友好校捷门棠学校（Germantown Academy）合作开办了孔子课堂。这是美国宾夕法尼亚州的第一所孔子课堂。

　　创办美国"AP"（Advance Placement）课程。2008年，经市教委批准、教育部备案，首都师大附中与美国德怀特学校合作，创办了美国"AP"课程，即中美课程实验项目。这是北京市首次批准公办学校高中阶段开设中美课程实验项目。首都师大附中是当时唯一开办美国"AP"课程的学校。学校通过中考提前招生并加试英语的方式，招收60名初三毕业生进入该实验班，使其获得本校和美国合作学校的双重学籍。三年中美高中课程学习合格后，学生可被授予本校及美国合作校双重毕业证书。

　　创新教育实验。为探索培养拔尖创新人才之路，2001年3月，经海淀区教委批准，首都师大附中创办了"六年一贯制创新教育实验班"，每年招收2个教学班，后来逐步扩大到4个班。2004年1月，海淀区教委批准了"首都师范大学附属中学六年一贯制创新教育实验班免中考直升本校初中"的申请，由此打破了高初中课程设置的界限，大幅度调整了课程和课时设计，特别增加了"博识课"。博识课是建立在"创新人才须博识厚积"的认识上，并充分利用北京拥有数量巨大的博物馆、纪念馆、科技馆这一优势资源开设的。学生通过博识课走出校门，进入广博的人文、科技世界，积淀并提高他们的知识素养和思考能力。该实验班以国家课题形式获教育部支持并获得社会媒体广泛报道。

全面提升学校综合实力

在建设示范校过程中，首都师大附中落实软件建设方案中有关师资队伍的建设目标，即"整体提升师资队伍素质，使之成为师德高尚、业务精深、团结勤奋的优秀团队"，通过"跨世纪名师工程"培养中青年教师，依靠北京市有关政策，积极慎重引进优秀特级教师，并破格提拔青年干部。

校园文化蓬勃发展。首都师大附中原有男子篮球队、舞蹈队、青春基地广播台、紫竹文学社等社团，后逐渐发展到拥有20余个学生社团。新出现的社团有嗵吧鼓乐队、清风棋社、管乐队、英语俱乐部、动漫社、美术小组、陶艺小组、读书会等。只要学生有爱好、有兴趣、有需求，学生到教育处注册备案，制定内部制度和活动计划，学校就给予资金、场地及配备指导教师等必要的支持。这些社团使学校始终处于浓烈的、健康向上的文化氛围中。

首都师大附中每年定期举办"红五月歌咏比赛"、"振兴杯体育比赛"、艺术节、辩论会、学生科技论坛、卡啦OK大赛、"一二·九"远足等活动，开辟学生书画廊供学生展出自己创作的书画、动漫、剪纸、摄影、藏书票等。学校利用专项经费建设天文台、科技展馆、陶艺教室、舞蹈排演厅、篮球馆、电视演播厅等，为学生社团活动提供专用场地。

大力推进校园硬件建设

1999年，学校建成主干千兆校园网，以后年年升级更新，实现了办公无纸化、教师备课网络化、教学多媒体化、家校沟通网络信息化。2010年，学校图书馆实现数字化。首都师大附中是北京市最早为教师配备笔记本电脑的中学之一，是最早实现教学多媒体化的学校。

1999年，学校建成海淀区首个塑胶体育场。2002年，全校实现市政冬季集中供暖并建成两处屋顶花园；通过对原来人防工程的改造，建成地下体育馆，扩大了体育活动场所。2005年，学校建成覆盖全校园的安全技防网。通过几年的努力，首都师大附中超规格和高质量地实现了示范校硬件建设方案。

教学成绩优异

高考升学率一直保持在领先水平。全体毕业生一本升学率为93%~97%。统招生一本上线率基本保持在100%。其中，2007年，学生岳元羲获北京市理科第二名；2009年，学生付若兰获北京市文科第二名；2010年，学生王琦获高考数学满分，同年全市只有两所学校出现满分学生。

学生科技竞赛成绩突出。在这个时期，学校先后7人次获得全国青少年科技创新大赛一等奖，杨毅同学获国际天文奥林匹克金牌，黄雨晨获国际计算机大赛金牌。学校先后5次获得由北京市教委、北京市科协颁发的中学科技创新最高奖项——"北京市金鹏科技奖"。

艺术、体育成绩硕果累累。学校舞蹈队获 2005 年北京市中小学生艺术节舞蹈比赛一等奖，1999 年、2003 年、2007 年、2009 年北京市中小学生艺术节舞蹈比赛二等奖；2008 年被北京市教委评为北京学校奥林匹克文化节系列演出特殊贡献奖。学校的管乐团自 2004 年连续获得北京市第六届、第八届、第十届和第十二届中小学生艺术节管乐合奏比赛二等奖，被中国音乐家协会管乐协会收为团体会员。

体育教研组被北京市教委评为 2009 年北京市中小学校优秀体育教研组。篮球队于 2005 年获"锐步杯"高中篮球赛第二名、北京市传统校篮球比赛第三名、ING 北京市篮球训练营第一名、全国高中男子篮球锦标赛第一名、北京市振兴中华杯篮球赛第二名、全国优秀运动队称号；2007 年获北京市青少年篮球锦标赛甲组第一名、乙组第二名、丙组第二名，北京市篮球振兴杯比赛第二名；2009 年获北京市青少年篮球联赛第

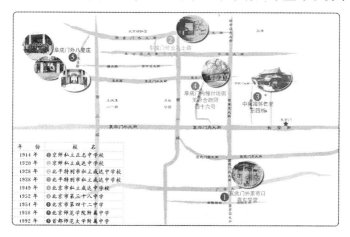

年份	校名
1914 年	❶京师私立正志中学校
1920 年	❷京师私立成达中学校
1928 年	❸北平特别市私立成达中学校
1938 年	❹北平市私立成达中学校
1949 年	❺北京市私立成达中学校
1952 年	❻北京市第三十八中学
1954 年	❼北京市第四十二中学
1958 年	❽北京师范学院附属中学
1992 年	❾首都师范大学附属中学

首都师大附中百年沿革简略图示

三名，北京市青少年篮球锦标赛甲组第一名、乙组第一名、丙组第二名；2010年获北京市体校杯篮球比赛甲组第二名，北京市第十届运动会篮球比赛甲组第三名、乙组第三名，北京市中小学篮球联赛初中第二名、高中第三名，中国高中篮球联赛（北京赛区）第五名。2005年，学校被海淀区政府评为培养体育后备人才先进单位。

社会影响力不断扩大。2004年，首都师大附中荣获北京市中小学校德育工作先进集体称号；2007年被教育部、人事部评为全国教育系统先进集体，被教育部教育管理信息中心评为教育部管理信息中心全国信息科技教学应用示范校；2008年被北京国际教育交流中心、北京市中小学对外汉语教学研究会评为该年度北京市中小学外国学术汉语节优秀组织工作奖。

二 峥嵘岁月

1 北洋上将徐树铮创办正志中学

在首都师大附中百年历史中，曾有诸多风云人物雄踞其间。首屈一指的当推学校的缔造者——徐树铮。

徐树铮（1880～1925），字又铮、幼铮。江苏省萧县（今属安徽省）官桥镇醴泉村人，历任北洋政府陆军部次长、国务院秘书长、西北筹边使等职，陆军上将远威将军。

其父徐忠清系清朝拔贡生，曾被授教谕，改州判，那是芝麻粒儿般的小官，皆不

徐树铮

就，一生研究经史，教书乡里，学生逾千。如此家庭使徐树铮受到严格的国学训练。他回忆其父道："尝以风雪中攀缚驴背，口授诗歌。""乡里争传七岁能诗，夸以神童。"（徐树铮《先考妣事略》）徐树铮13岁中秀才，17岁补廪生。柯绍忞在《徐公墓志铭》中说他"少颖悟，有神童之誉"。徐树铮骨子里的文人气质，正是家学渊源的遗传基因。后来，他被誉为北洋政府第一才子，被公认为"徐之才气，横揽一切，远不可及"。

光绪二十七年（1901），21岁的徐树铮赴济南投奔北洋大臣袁世凯遭冷遇，落魄市井，不期邂逅皖系军阀段祺瑞。据段记述，"冬十一月至旅店拜客，过厅堂见一少年，正写楹联，字颇苍劲有力。时已冬寒，尚御夹袍，而气宇轩昂，毫无寒酸气象。因询之，谓投友不遇，正候家款。问以愿就事否？则答以'值得就则可就'云。用心奇之，约与长谈，深相契，遂延揽焉"（《段祺瑞致黄伯度信》）。段留徐树铮于麾下，任记室（书记官），1905年保送其赴日本陆军士官学校。徐树铮毕业于步兵科第七期，回国继续在段军任职。

1911年，辛亥革命爆发，以段祺瑞为首的42名清军前线将领在与革命军对峙的重要关头，通电吁请清帝退位实行共和，给清王朝釜底抽薪的沉重一击。翌年2月，清帝被迫发表退位诏书。那篇主张共和的通电即出自徐树铮之手，其中言道："故敢比较厉害，冒死陈言：恳请涣汗大号，明降谕旨，宣示中外，立定共和政体。""俾中外人民，咸与维新。""力图自强，中国前途实为幸甚。"该文文辞犀利，直击要害。

1914 年 5 月，徐树铮任陆军部次长，后兼国务院秘书长。1915 年 2 月，袁世凯冒天下之大不韪而悍然称帝。徐树铮力劝段祺瑞抵制，进而致袁世凯《上大元帅书》，谏戒其放弃皇帝梦，要求袁下"罪己诏"，并指斥那班鼓噪袁称帝的筹安会诸人，"今之良臣，古之民贼，孟子之言何其痛也！"徐树铮铺张扬厉、爱憎分明，于是被袁免职。1917 年，张勋复辟。徐树铮辅佐段祺瑞马厂誓师而"三造共和"，挥师进京一举捣碎复辟梦。1918 年，徐参与操纵"安福俱乐部"，包办选举第二届国会即"安福国会"。此举多为世人诟病。

1919 年，徐树铮任西北筹边使兼西北边防军总司令，挥师出塞，铁骑远蹈，收复库伦（乌兰巴托），果断平息北部边疆地区武装分裂事件。孙中山称赞其可比东汉收复西域的班超。途中有诗云："冲寒自觉铁衣轻，莫负荒沙万里行。似月似霜唯马啸，疑云疑雨问鸡鸣。中原缱綣信孤愤，大海回澜作夜声。且促毡车趁遥曙，沉沉闾阎渐清明。"（《叮林蚤发》）徐树铮叱咤政坛，呼风唤雨，踌躇满志。由于愚忠恩公段祺瑞和自身的思想局限，他始终缠身于府院之争、派系恶斗，于 1920 年遭免职并被通缉为全国要犯第一名，辗转逃亡。1925 年，他受任考察专使，率团考察法国、英国、瑞士、意大利、德国、苏联、波兰、捷克斯洛伐克、比利时、荷兰、美国、日本等 12 国。逗法期间，孙中山在北京逝世，徐即在巴黎住所举行悼念仪式，手撰挽联并电寄北京："百年之政孰若民生，何居乎一言而得一言而丧；十年以还使无公在，更不知几人称帝几人称王。"访苏期间，他受斯大林接见并获赠刻有斯大林名字的佩剑。12 月 11 日，他考察结束回到上海，段祺瑞电嘱暂缓赴京。他认为考察回国理应复命，即赴京，复命后于 19 日晚乘专车离京南下，次日凌晨途经廊坊火车站被害，时年 45 岁。

徐树铮饱读经史，精于国学，推崇桐城派古文，娴于诗书歌赋，学养深厚，有《建国铨真》《视昔轩文稿》《兜香阁诗集》《碧梦庵词》等著作传世。对于张勋复辟，康有为、徐树铮一个支持，一个反对，形同水火势不两立，但康赞徐曰："其雄略足以横一世，其霸气足以溢九州，其才兼乎文武，其识通乎新旧……其飞动高歌擅昆曲，其妩媚清词追周柳。"徐树铮擅昆曲，粉墨登场能花脸、贴旦两门抱，曾与俞振飞等名角同台，可见功力；尤爱关公戏《单刀会》，引吭高歌"大江东去浪千叠……"洪钟大吕响遏流云。张謇诗赞曰："将军高唱'大江东'，势与梅郎角两雄。"徐树铮于 1925 年出国考察期间，应英国皇家学院之邀作《中国古今音乐沿革》学术报告，受到《泰晤士报》高度评价。

徐树铮戎马倥偬，不忘吟诗作赋；叱咤政坛，钟情兴学办教。1912 年 11 月，他在北京创办一张报纸——《平报》，后来还曾想创办正志大学，并且从德国请了几位教授，但终因政治失势未能实现。徐树铮创办正志中学，时在陆军部次长任上，年仅 34 岁。此前，他曾出面购买美国军火。对方依照市场惯例给了一笔不小的"返款"，但他没有像别人那样用"返款"中饱私囊、花天酒地，而是拿这笔款子来兴学办校。1914 年 12 月，他与广东名宿、粤东学堂总理梁士诒（此后曾任参议院议长）签订合同，租赁宣武门外菜市口粤东学堂校舍，创办京师私立正志中学校。翌年2月，正志中学开办，徐树铮自任校长，招收第一、二两班，春季开学，四年制初中；4月，至京师学务局立案，一度增设附属高小补习一个班，与此同时筹资30万元，在阜成门外北礼士路19号购地73亩，建设一处自主产权的新校园。迨至民国9年（1920）8月改名京师私立成达中学校，正志中学先后招收8个班，毕业4个班。

徐树铮兴学办校的心气不亚于从政。在这里，没有他人掣肘，不必像政坛那样东挡西杀、闪躲腾挪，完全可以径情直遂、践行己意。如此，正志中学甫一创立，就被他办得风生水起、名噪一时。

徐树铮恭请社会贤达、文坛名流加盟，大大提升了学校的名气和办学质量。他诚邀王树枏、傅增湘、叶恭绰等出任正志中学董事，分别担任董事长和副董事长。光绪进士王树枏是中国近代广具影响的学术大家，有存世著书50余种，涉及训诂、算数、地舆等，是《清史稿》四总纂之一，另参与编撰了《新疆图志》等巨著。副董事长傅增湘于1917年任教育总长，是中国首屈一指的藏书家。副董事长叶恭绰是民初交通总长，新中国成立后为全国政协常委。徐树铮延聘林纾、姚永朴、马其昶、姚永概等任教。林纾是一代国学大师、著名翻译家，"二姚一马"均为桐城派末期回光返照的掌门人，数学教师梁上栋后来任国民政府监察院副院长。衮衮诸公声名显赫，正志中学自然也水涨船高、风光无限。

徐树铮不拘泥于教育部定规，自主制订教学内容。他没有照搬当时教育部所规定的教学大纲，而是根据自己的需要拟定了有所不同的课程设置与教学内容，主要突出两门课：国文与体育。每天上午以国文课为主，下午以体育课为主，其他课程如数学、德文等都放在次要的位置。

徐树铮尊师重教、礼贤下士。缘于乃父终身执教的遗传基因，徐树铮奉行教育强国的理念。与其在北洋政府骄横跋扈、独断专行相反，他在办学中则表现出尊师重教、礼贤下士之风范。他非常尊敬几位老先生，往往亲自搀扶着他们款款登上讲台，亲手递过教鞭，然后悄然移步，"屏息危坐听讲，参弟子列"（关德懋：《徐又铮先生创办正志中学述略》）。每逢周三，他还约请几位一起下馆子（常去的有醒春居、便宜坊、恩成居、砂锅居等），饭后则去虎坊桥的《平报》馆或琉璃厂的松华斋南纸店小坐聊天。其率先垂范"尊师重道"，可见一斑。

他严格管理，宛若军校。教室、宿舍和饭厅的规矩与日本士官学校相仿。因此，时人评论说这近乎一所军官预备学校。有记载称："该校校规极严，徐树铮长子徐毅行怀带食物被校监搜出没收，虽校长之子，也不可越矩。"（赵树生：《正志中学简介》）1915 年 10 月，京师学务局派员视察正志中学，认为该校"管理采取军校成法，而略济以宽，实已严于他校"。1918 年 2 月，京师学务局训令表彰公立四中和私立正志中学，认为"私立正志中学，管教采用军制，秩序整齐，校风极为严肃，注意体育，务使学生各具军国民之精神。私立各校办理妥协，当推该校为最"。

徐树铮的办学思想和培养目标，实际上是力图通过封闭式管理，培养强军富国的实用型军政人才。1919 年 10 月，应徐树铮之邀，大总统徐世昌为正志中学题赠匾额——"成德达材"。这便是流传至今的百年校训。

1920 年 2 月，阜成门外北礼士路 19 号新建校舍落成，遂迁入。此前，徐树铮在直皖两系恶斗中被免职，继而遭当局"通缉拿办"，被迫蛰居上海，自身难保，更无力遥控北京的正志中学。遂教育部于 8 月 15 日接办正志中学，改名京师私立成达中学校。9 月，徐树铮辞去校长职务，由卸任教育次长的傅岳棻担任成达中学校长。

【相关链接】

徐树铮被害，归因于他曾处置一个人——曾任警卫军统领兼执法处长的陆建章。同为安徽籍的陆建章在政治上倾向直系，遭皖系嫉恨；而他生性狠辣、嗜杀无度，请人赴宴，席散送客，安排枪手背后开火一枪毙命，人称"陆屠伯"。徐树铮掌握了陆建章劣迹，在天津奉军司令部宴请陆建章并如法炮制，饭后约其到后花园密谈，埋伏枪手将其击毙。须知陆建章是冯玉祥的亲戚兼救命恩人，由此埋下祸根。1925 年，徐树铮考察回国来京复命。12 月 29 日，他离京时，段祺瑞发现办公桌上碧玉镇纸压着一个字条，上写"又铮不可行，行必死"，遂派人追上徐树铮劝其缓行，但徐不为所动，按原计划登车起程。30 日凌晨，专车缓缓停在廊坊车站，冯玉祥所属张之江部调遣的杀手登上专车，向徐敬礼报告："督办请专使下车，有事面谈。"此时，徐已有警惕，推说："连日来非常疲劳，有什么事以后再说吧！"
岂料一伙官兵冲上前来，将其架起就走，并押到一所小学校内，
找人暗中辨认。只见煤油灯下器宇轩昂者，确定徐树铮无疑，
便称："督办有请。"徐树铮被强行架走拐出校门，背后枪响，
气绝身亡。张之江部医官洪某自报系徐树铮的学生，长跪不起，
愿以一门老小作保寻尸装殓。具结后，他连夜雪地苦寻，找到
徐尸，连呼校长，入殓后辗转运回徐家乡。傅增湘赠其楠材棺
木，葬于醴泉村，陪葬有斯大林所赠佩剑。

徐树铮筹资 30 万元，于 1920 年建成北礼士路 19 号校园，
占地面积 73 亩，主楼（四层）1 座，前楼、后楼各 1 座。其
校园之宽敞、校舍之充裕、设施之完善，在绝大多数学校以旧
王府或旧庙宇为校舍的北平市，堪称先进与一流。学校将一部
分房间出租给中法大学，获取租金资补办学经费。1938 年，
日伪抢占了这所校园，成达中学被迫迁入中南海公园内东四
所，维持办学 11 年。为索还北礼士路校产，学校经七年诉
讼，终于 1952 年索得偿款 60 亿元（旧人民币），再加上政府
追加的 20 亿元（旧人民币）拨款，在阜成门外八里庄新建
一所校园，于 1954 年竣工使用，即现在的慈寿塔边、昆玉河
畔首都师大附中校园。换言之，今日首都师大附中美丽优渥
校园，源于徐树铮的那笔筹款。

徐树铮终其一生未能实现强军富国的理想，却在身后留下
毁誉参半的品评。然而，谁也不曾料到，一所正志中学却成就
了百年基业，为他竖起一座不朽的丰碑。

在建校百年之际，首都师大附中副校长、第一分校校长刘强，两次驱车赴江苏省萧县醴泉村，拜谒徐树铮陵墓，访问其后人亲属，搜寻将军生平，挖掘正志史料，并赋诗一首：

北洋天枭皖系魂，拔山超海搅风云。
曾拒项城霸华夏，堪比班汤收库伦。
类纂诗词擅昆曲，创办正志开赍门。
廊坊冷枪碎雪夜，醴泉残马啸黄昏。

2014年10月1日，首都师大附中在校园里举行盛大百年庆典，演出大型文艺史诗《摇篮》，首位登台的角色便是身着上将戎装的徐树铮。他在聚光灯下高声朗诵："大江东去浪千叠，这不是江水，这是流不尽的英雄血！"

《摇篮》中徐树铮角色剧照

2 北平首任市长何其巩出手救成达

正志中学和成达中学皆为私立学校。在贫弱的中国社会，私立学校的存亡续绝很大程度上取决于经费来源。事实上，从正志中学到成达中学，始终被办学经费所困扰。建校初期，徐树铮位高权重、长袖善舞，尚能凭借拥有的人脉资源来筹措经费保障办学。待他政治失势，学校易帜，董事会的筹资能力则日渐式微。成达中学的办学经费来源，一是本校部分房屋出租给中法大学孔德学院所按年收取的租金，二是学生缴纳的学费、宿费等，三是董事时有时无的些许筹资。在军阀混战、经济凋敝的年代，通货膨胀、米珠薪桂，如此财源实难维持正常开支，学校常常陷入捉襟见肘的困境。1928 年夏，在第二届董事会向第三届董事会移交校务之际，接任伊始的第三届董事会鉴于办学经费拮据，拟议将成达中学并入中法大学孔德学院，并与对方签署协议：成达中学并入中法大学孔德学院之附属孔德学校；成达中学毕业班学生免试升入孔德学院预科，获预科肄业学历；未毕业班学生并入孔德学校相应年级继续学业；成达中学名称自 1928 年 8 月起自行取消。

【相关链接】

孔德学院为接收成达中学致北平教育局函

敬启者：顷接成达学校第三届董事会蔡元培等函，称略谓，为成达学校创立新基谋永久之发展起见，特商请贵大学孔

德学院就敞校原有校址从新改组：凡敞校前此毕业生有志升学
以图深造者，可免去考试径入孔德学院预科一年级肄业；其尚
未毕业之各级学生，亦可按照年级编入附属孔德学院之孔德学
校，俾便循序渐进继续求学；至原有之成达学校名称自本年八
月起即行取消等因。前来敞学院考虑结果，已依照该董事会来
函办理。惟以该成达学校曾经在贵局立案，相应函达，即希查
照为荷。

　　此致

　　北平教育局

　　　　　　　　　　　　　中法大学孔德学院谨启

　　　　　　　　　　　　　十七年七月三十日

　　7月30日，双方来校办理交接事宜，成达中学方面有董
事会董事长周作民等，中法大学方面有孔德学校教职员数名及
著名教育家、中法大学创始人李石曾。其间，恰巧被成达中
学在校学生闻知，同学们当即出面交涉，明确反对董事会的
"并校"决定，竭力请求保持成达中学的独立地位。但是董事
会的并校进程并未因此而停滞。成达中学学生情绪激动，由学
生会出面致函北平市教育局，要求局方出面干预，制止董事会
"并校"行动，维护成达中学独立地位：

　　　　为请维持旧校，奈难承认擅改为孔德事。

　　　　查成校成立于兹已历十稔，校中一切经费出之董事

　　会，即惨淡经营数经波折，扶成校得以至今。生等饮水思

源久铭心版。夫董事会诸君不惜出重资以维持教育机关，其热心于教育自不待言。而今日生等得就学于负有众望之成校者，亦莫非董事会之赐？果如董事会始终如一维持到底，使生等在校即为成校之学生，离校则为成校之校友，幸何如之！何期事出意外，于上月之三十日周董事长作民，会同孔德学校教职员数名匆匆来校，遽欲将堂堂皇皇之成校付诸孔德，并有李公石曾加入处理，改为中法大学之附属语。幸经在校同学以正当之理由、诚恳之态度竭力交涉，该接收人员始去。

原董事会允将成校归人保管之理由，亦不过曰经费无着不能支持而已，其苦衷自有可谅之处。际此米珠薪桂之时，钜万之款实难筹措。然而年来成校之耗费皆系用人不当之故，果如极力缩减未始不可维持。况董事会成立已届三载，果如用人不当早应选贤处理。今竟悍然送诸他人，生等誓不承认。

其理一，生等就学成校之本意，原以成校固有种种之特别优点与其他超然独异不同流俗之精神，不惜重费跋涉千里而就学于斯校，是生等对于成校另有远大之目的与特殊之观念。若其改名易地将成校固有之特征与优点一概毁灭无余，则生等为前途计为校誉计誓不承认。

其理二，总之生等读书成校，只知学业为前提，精神为后盾，今欲毁灭我成达十余年固有之精神，同学等自当誓复母校：自上呈之日起，无论何方接收本校，须于本会诸同学之目的相合：（一）维护成达精神之独立；（二）维护成达校名之尊严；（三）维护成达校产之所有；（四）

维护成达校务之发展。否则绝不承认！

谨此声明。

务望鉴核，不准孔德之立案是幸。

谨呈北平特别市教育局

北平成达学校学生会

中华民国十七年八月六日

8月5、6日，学生会邀约毕业同学会连续两天召开联席会议，议定：（1）组成"私立成达中学校校务维持会"；（2）公请教职员以义务性质出而分担各自教学、管理等校务；（3）由毕业同学担任筹款捐助任务，"使成达精神永远独立"。与此同时，校务维持会继续向北平市教育局请愿，并派代表径直上访北平市政府，面见市长何其巩，力陈反对"并校"、维护成达独立之缘由：成达中学前后招生22班达三千人，毕业18班二千余人，"其声誉成绩社会间自有评判"；"毕业学生二千余人，受母校之陶冶决不能默认其消灭；在校学生二百人，因慕成达之成绩声誉，关山负笈，决不能任其取消而他图"。他们强烈要求市政府出面干预，以维护成达精神之独立、校名之尊严、校产之所有、校务之发展，"务望鉴核不准孔德之立案"。

私立成达中学校校务维持会致北平市教育局函

呈为不承认第三届董事会非法将成达归并孔德，组织校务维持会团结自辩，再请审查备案事。

查本会组织情形曾呈报在案，近日以来，对于校务已着实进行，惟对于第三届董事之欲将成达归并孔德事尚恐贵局有不明瞭之处，谣言恐多，听闻难辨。案成达创立已十四载，由正志更名成达，前后招生二十二班达三千人，毕业十八班且二千余人，其声誉成绩社会间自有评判。董事会为学校之根本，有扶助学校进行之义务。甲届无力只好改乙届，乙届无力可归丙丁戊届，董事对学校而生，董事会可改组，而学校不能消灭，此理甚明。第三届董事会之改归，第三届固无疑问，然而此第三届董事会是成达之董事会，决非孔德之董事会，成达学校之第三届董事会名义中已含有办理发展成达之任务，舍此不图而欲消灭组织完善之学校，以实行吞并，则此第三届董事会为孔德乎？为成达乎？即以办理，孔德为前提，则为孔德董事会，断无处理成达校务之理。谓为成达之董事会，则无力办理成达时，只应仿一届至第二届，二届至第三届前例，让贤另组第四届，绝不能以董事资格随意取消学校。况第一届之改归二届，二届之改归三届，皆系无力再办之故。如董事有取消学校权，则早已将成达改为甲校或乙丙丁校，不劳第三届诸董事之热心，未接办即先将学校消灭而改归孔德也。即对董事会本身而言，即承认为成达第三届董事会，则学校改归孔德本身自己消灭，今仍云继续办理孔德，则是明认为孔德董事会因侵占成达校产，故不能不自兼承为成达第三届董事会，迨校产已收自为复其本来面目，天下事以公理为主裁，成达毕业学生二千余人，受母校之陶冶，决不能默认其消灭；在校学生二百人，因慕成达之成绩声誉，关山负笈，决不能任其取消而他图。故在第一次宣言时已谆谆言及，现距开学不足十日，在校学生以读书为目的，以在成校读书为初志，董事会方面即欲消灭成达，则学生方面只难认其非法之举动。故于五六两日由学生会及毕业同学会联席会议决组织校务维持会，公请教职员以义务性质出而分担原务，并由毕业同学担任输款捐助，使成达精神永远独立，维护学校而此，并非与董事会为难，果如董事会即日在成达校址办理成达宣誓永不取消成达，则本维持会即自行取消，否则为维护已完善之学校而成立，为二千毕业同学请命而成立，为二百学生学业而成立，公理俱在，贵局难审查也。除努力办理使校务发达外，理合将组织缘由备文呈请备案施行是幸。谨呈

北平特别市教育局

　　北平特别市私立成达中学校校务维持会

　　青年学生炽热的爱校之情深深感染了市长何其巩。对于成达中学的"并校"事件，他十分重视，认真聆听了成达中学学生反对"并校"的意见，并明确表示："查该校虽属私立，但事关本市教育未便置之不问，致益纠纷"。他旋即召见成达中学董事会面询，表明俯顺舆情支持学生护校立场的态度。随后，他指示市教育局局长李泰棻派员深入调查，提出解决意见，供市政府决策。李泰棻所派两名科员赴校认真调查，找了多名学生面谈，广搜材料，写出调查报告呈报市政府。根据教

育局的调查内容和意见，何其巩签署市政府训令："即令行该第三届董事会迅速依法选举校长承继第二届董事会办理成达原意继续办理，维持成达之独立。"

【相关链接】

何其巩（1899～1955），字克之，安徽桐城人。青年时期投笔从戎，在冯玉祥部先后任国民联军司令部秘书长、第二集

何其巩

团军司令部秘书长。1928年6月，北平特别市成立，何其巩被任命为北平特别市首任市长，时年29岁。任职期间，他力主"财政公开，造成廉洁政府"，做出发展教育的"教育经费案"决议。何其巩于1931年调任安徽省政府委员、财政厅长，1933年调回北平任行政院驻北平政务整理委员会委员兼秘书长等职，1936年任中国大学校长。其间先后兼成达中学名誉校长、成达中学董事会董事长。

作为落实市政府训令、维护成达中学独立地位的保障措施，成达中学董事会做了调整：市长何其巩、教育局长李泰棻、中法大学创始人李煜瀛（即李石曾）等担任董事；何其

巩出任名誉校长；聘任张心沛为校长。

由此，相持两个月的"并校"风潮得以解决，成达中学之命脉得以延续、精神得以传承。

调整后的第三届董事会成员如下：蔡元培（北京大学校长）、李煜瀛（即李石曾，中法大学创始人、北平研究院院长）、沈尹默（河北省教育厅长）、周作人（北京大学教授）、何其巩（北平市市长）、李泰棻（北平市教育局局长）、张凤举（北京大学教授）、黎世蘅（北平大学法学院院长）、马廉（孔德学校教务长）、周作民（银行家）、褚民谊（政学界）、吴鼎昌（银行家）、张心沛（孔德学院教务长）、李书华（教育部部长）、徐炳昶（北平大学女子师范学院院长）、方梦超（政学界）。

1938 年，汉奸王克敏、汤尔和在北平成立伪华北临时政府，汤尔和任伪议政委员会委员长。汤尔和与何其巩是多年好友，邀何出任伪教育部总长。何断然拒绝，但"何其巩要参加伪组织当汉奸"的消息不胫而走。何为表明心迹，于 1938 年春秘密致电蒋介石和国民政府教育部长陈立夫，有"誓竭忠诚，以为股肱之佐，绝不附逆，致贻钧座之忧"等语，并向国民政府索要中国大学补助经费。不久，他接到陈立夫回电，说他给蒋的电报蒋已阅悉，对他深表嘉许，希望他多为抗日做工作。此后，何其巩为中国大学经费事还给蒋介石去过电报。北平沦陷期间，燕京大学校长司徒雷登（后任美国驻华大使）曾三次秘密去重庆见蒋介石。每次去，何都托他带信给蒋，由此何秘密地与蒋介石建立了联系，表明了抗日拒逆的立场。其间，何其巩把很多不愿为日伪工作的大学教授请到中国大学任教，既充实了中国大学的实力，又帮助这些教授解决了生计问题。抗战胜利后，国民政府宣布中国大学、燕京大学、辅仁大学这三所北平沦陷区的大学与大后方的大学同等待遇，不作为敌伪学校看待；何其巩与燕大校长陆志韦、辅大校长陈垣并誉为在北平坚守民族气节、坚持办学的三位著名大学校长。抗战胜利后，何其巩一度担任国民政府驻北平特派员。但不久，蒋介石发现其非己嫡系，旋即撤销其任命。1947年，何其巩积极参与策动傅作义将军率部起义，为北平和平解放做出贡献。1955年，何其巩病逝，享年56岁。

说起何其巩与成达中学的缘分，还有这样一件史实。抗战胜利后，由于何其巩秉持反独裁、反内战的政治立场，

**支持何其巩的中国大学学生
艾伯儒（艾友兰）**

国民党军统策动中国大学的国民党、三青团势力武装驱赶他，中国共产党则支持其任职。在拥戴何其巩的行动中，有一名哲学系的学生艾伯儒。他主办壁报《正风》，宣传反独裁、反内战，并积极参加保护何其巩的斗争。这个艾伯儒，就是新中国成立后在北京第四十二中学、北京师院附中任校长近30年的艾友兰。

3 周作人任职成达的两桩悬案

在成达中学历史上，有一个绕不开的人物，他就是著名文学家并附逆获罪的周作人。据京师私立成达中学校档案记载，1928 年，成达中学第二届董事会改组，成立第三届董事会。董事会议决废除会长制，改用委员制，推举 3 人为常务董事，再由 3 位常务董事互推 1 人为董事会主席，主席对董事会负责。这一届董事会成员为蔡元培、周作人等 16 人，董事会推举周作人为董事会主席。

周作人（1885 年 1 月 16 日至 1967 年 5 月 6 日），是中国现代著名文学家、翻译家，中国民俗学开拓人，新文化运动的杰出代表；历任国立北京大学教授、东方文学系主任、燕京大学国文系教授。他从 1928 年担任成达中学董事会主席（本书按惯例仍称董事长），至 1945 年被国民政府逮捕惩处，在成达中学兼职 17 年，是首都师大附中百年校史中担任董事长职务最久的一位，也是首都师大附中百年校史中绕不开的重要人务。在任职成达中学的 17 年间，周作人身上发生了两起悬案。

周作人

悬案一

1939 年元旦，周作人在北平八道湾家中与学生沈启无晤谈，猝然遭到入户刺客的枪击。车夫和仆人闻声来救，结果一死一伤。周作人被子弹击中毛衣纽扣，略伤皮肉，侥幸逃过一劫。凶手则逃逸无踪。事后，日本宪兵以保护为名，进驻周作人家中施行警卫，从而加速了周作人落水附逆的进程。该案轰动一时，日伪军警始终未能侦破，遂成一桩扑朔迷离的历史悬案。按照日方的说法，是国民党怕周作人变节附敌，由军统策划所为。周作人则不以为然。20 世纪 60 年代，他曾向报纸投稿《元旦刺客》，推断是日本宪兵所为，目的是威逼他出来为日本效劳；遇刺后，权衡性命安危，自己才无奈屈从日寇。当然，此稿违背事实，未被报纸采用。事实上，早在抗战胜利后，即有知情人在美国撰文，说是当年活跃在平津一带的爱国学生组织"抗日杀奸团"所为，但是语焉不详。

2007 年，健在的"抗日杀奸团"部分成员举行座谈会，编印了一本标明"非卖品"的《抗日杀奸团回忆录》，全面记述了"抗日杀奸团"诞生、发展和所组织的杀奸斗争始末，其中包括 1939 年行刺周作人一案，从而揭开了悬案真相。他们送给笔者一本，其中写道：

> 1938 年暑假以后，宋显勇、范旭、方圻等人高中毕业去北平燕京大学读书，于是在北平也成立了一个燕京小组，由宋显勇负责。当时社会上流传周作人的许多事情，

报纸也时常登载他的活动情况。周作人是文化界有身份的人，又是鲁迅的弟弟，他与一些汉奸们沆瀣一气是我国知识界的耻辱。他的影响甚于那些军阀政客的汉奸行为，因此决定制裁他。

燕京小组负责调查他的情况，并协助将枪支送到北平。1939年元旦，李如鹏自告奋勇去执行这项任务，赵尔仁和他一起去到北平，由范旭领着他去到北平西城八道湾周作人家。李、范二人进入他家，赵在门外等候。李自称是中日中学学生，要求去日本留学求见周作人。

当时周逆正与客人谈话，周走出客厅。当他接介绍信时，李拿枪向他肚子开了一枪，周应声倒地。李以为他死了正要走时，突然周的仆人抱住李如鹏，范旭急忙出来叫赵尔仁，赵上去对这人开了两枪。然后三人安全撤退。事后才知道周作人只受轻伤，因他身上的腰带挡住了子弹转移了方向。

在《抗日杀奸团回忆录》中，"殉国烈士名录"一节记录了青年英雄李如鹏的简况："李如鹏（1917～1940年）在抗团担任组织干事。1939年被叛徒出卖。在敌寇严刑拷打下，决不泄露组织丝毫秘密，沉默对抗。后被敌人杀害，牺牲时年仅24岁。"

众所周知，案后不久，周作人陆续担任了汪伪政权华北政务委员会常务委员兼教育总署督办等伪职，堕落为名副其实的文化汉奸。

悬案二

据京师私立成达中学校档案记载：1937 年，日本侵略军占领北平；1938 年 7 月，成达中学北礼士路 19 号校园被日军强占，其中部分校舍转交敌伪机构新民印书馆占用，成达中学被迫迁址于中南海公园内中南海西岸紫光阁附近东四所平房继续办学。关于此次被迫迁址，我们有两种猜测。

其一，是周作人利用职务之便引狼入室、为虎作伥，帮助日寇强占成达中学北礼士路 19 号校园，属于卖国求荣的行为。

其二，日寇看中并强占成达中学北礼士路 19 号校园，周作人审时度势、知无力抗拒，遂利用职务之便虚与周旋，帮助成达中学趋利避害迁到另一个去处——中南海东四所，使成达中学得以继续办学，危局苦撑，共克时艰，坚持到抗日战争胜利。如果是这样，周作人倒是做了一件大好事。

这两种猜测，哪一种更符合实情呢？

再看以下事实。北平沦陷后，日本帝国主义在中小学大力推行奴化教育，要求唱日本国歌、新民会会歌，鼓吹"中日提携""大东亚共荣圈"。日伪强行规定从小学三年级开始开设日语课，派专职日语教师入校，其中多为日本人。这些日本人在校内以太上皇自居，对校长和校务指手画脚，起着法西斯学监的作用。他们可以任意打骂师生，严厉处罚、镇压任何"反满抗日"的行为，一个电话就能叫来荷枪实弹的日本宪兵来校抓人。

笔者母亲当年在位于交道口的大中中学女校读初中。校内有一名被派来的日本人本多。他领着几名中国人教日语，并且监督校方推行奴化教育。母亲与同学以不同方式表示对奴化教育的抵制。本多大吼一声"武桑①!"他是命令母亲站起来，并将手中的板擦狠狠掷过去。母亲被砸破头。由此更是激起母亲的反抗情绪。随后，母亲参加了中共地下党领导的抗日斗争（这是后话）。日本侵略者在中小学的法西斯行径可见一斑。

但是，据京师私立成达中学校档案记载，沦陷期间，成达中学增设了日语课，聘任的日语教师系中国人而非日本人。原来英语课和法语课继续开设。笔者采访了几位当年的校友，他们的记忆也是如此，回忆说没有日本人进校任职。这就蹊跷了，日伪当局全面推行的奴化教育，真的就止步于成达中学的一堵校墙? 若果真如此，是否周作人利用职务之便起了关键作用? 须知，只有他——汪伪政权华北政务委员会常务委员兼教育总署督办，亦即伪华北政权教育行政高官，有能力办到此事。

抗战胜利后，周作人于 1945 年 12 月以汉奸罪被国民政府逮捕，1946 年 11 月被高等法院判处 14 年有期徒刑，1947 年 12 月被改判 10 年有期徒刑。此后，周作人以戴罪之身夹着尾巴做人，于 1967 年悲凉离世。在此期间，多有人研究他在文化上的功过，无人染指他在教育领域的是非。而周作人为成达中学做了些什么，仍是今后需要挖掘研究的课题。

4 中南海内办学 11 年及索产诉讼

原成达中学自有产权校舍阜成门外北礼士路 19 号，由徐

---

① 笔者母亲姓武。

树铮和正志中学董事会筹资，于 1920 年 2 月建成，购置费和建筑费总计 30 万元。校园占地面积 73 亩，东临护城河，西临马路，北隔坟地，南临马路；主楼（四层）1 座，附楼 1 座，教室、教员休息室、办公室和礼堂计 102 间，图书馆拥有中西书库各 2 间、阅览室 5 间，工艺博物等实验室 5 间，乒乓球室 3 间，露天体育场面积约 200 平方丈，宿舍 43 间。其校园之宽敞、校舍之充裕、设施之完善，在绝大多数学校以旧王府或旧庙宇为校舍的北平市，堪称先进与一流。所以，成达中学将一部分房间出租给中法大学孔德学院也在情理之中。当时的学生能够在这样一所设施优越的中学就读显然是幸运的。

1937 年，日本侵略军占领北平。1938 年 7 月，成达中学北礼士路校园被日伪强占，改办新民印书馆；成达中学被迫迁址于中南海公园内中南海西岸紫光阁附近东四所的平房继续办学。

此时，以王克敏为首的一帮汉奸建立了华北地区伪政权"中华民国临时政府"，办公地设在中南海。抗战胜利后，李宗仁的北平行辕也入驻中南海。随后，国民党华北剿匪总司令傅作义的司令部设在中南海居仁堂。

1945 年 8 月，日本投降。11 月，成达中学即分别致函行政院平津区敌伪产业清查委员会、教育部平津区特派员办公处和北平市政府，要求依照复员时期政府对于敌伪占用之公私财产均准由原业主依法收回的规定，索还北礼士路 19 号校产，并按行政院平津区敌伪产业清查委员会"携带有关原房产各项证件前来候验"的要求，赴河北省第一监狱，面见在押的原成达中学校长黎世蘅，详询其经手日伪强占北礼士路 19 号校产之经过及有关证件，并据此向当局诉求索还校产。然而，此时的北礼士路 19 号已被国民党第 16 军第一营驻军和国民党政府正中书局北平印刷实验所占用。他们对成达中学的索求置之不理。

1946 年，中南海公园整理委员会致函北平市教育局，要求封闭位于中南海东四所的北平市私立成达中学的东门，因为该校学生"每日多持竿在海岸垂钓，并将污秽草泥掷之满地，实属有碍观瞻"，建议该校学生由怀仁堂东面的便门行走，以免混杂。继而，国民党军事委员会北平行营下令成达中学迁出中南海。这就把成达中学逼入进退维谷的窘境。成达中学屡屡向北平行营、北平市政府投诉，及至向地方法院起诉，结果都是久拖不决而不了了之。八年抗战胜利之后，成达中学陷入了索还校产的持久战。

成达中学 1946 届毕业班学生在毕业之际自制并印刷了一本纪念册。册中选登了北礼士路 19 号校舍的几幅照片，其中有校门、教学楼、宿舍和运动场。照片的标注文字写道："这才是我们的旧校址！"由此足见成达中学师生对自己校产被无端侵占的愤懑不平。

1949 年，北平和平解放。时任北平市市长的叶剑英，还在解放军入城仪式上便接到党中央从西柏坡发来的电报，内容是周恩来副主席要求替党中央打前站的几位同志先把中南海和北京饭店接收下来，为党中央和中央军委迁入北平做好准备。解放军接管北平后，调集部队对中南海紧急疏浚，人挖车拉地整整干了 3 个月，才清除了淤泥。整饬一新的中南海，被规划为中共中央和中央政府的办公地。

成达中学奉令于 7 月从中南海迁出，搬到王府仓胡同 46 号和大水车胡同 12 号原私立镜湖中学校舍。镜湖中学校舍是李镜湖的私产。其子向北京市政府投诉，要求索回这处房产。最后由市有关领导机关仲裁，成达中学向房产主交租金租用校舍办学，租金由北京市文教局代缴。王府仓校舍南院占地 6 亩有余，北院占地 7 亩有余，总共才 15 亩，教室都是由老旧平房改建，规模小、质量差，与优越的北礼士路校舍不可同日而语。

此前，成达中学校长戎书城、成达中学董事会董事长温寿泉以及代校长姚丽卿等先后出面诉求索要北礼士路校产。1952 年，吴纯性校长就职后，呕心沥血操办此事。

当时，北礼士路 19 号已易手新华印刷厂。几经成达中学投诉，终得北京市人民法院裁定："确认北京市阜成门外北礼士路 19 号房屋 396.9 间、地基 65 亩 5 分 6 厘为北京市私立成达中学校所有。"历时多年，校产终得确定产权。经法院调解，双方同意，北京市地政局估定房价、地价两项，折合 60 亿元（旧人民币），将该项房产让与新华印刷厂使用，议定新华印刷厂向成达中学分期付款。在索回校产的过程中，吴纯性校长起了至关重要的作用。

1952 年秋，成达中学与上义中学合并为三十八中，北京市教育局决定用收回的北礼士路校产 60 亿元（旧人民币），追加 20 亿元（旧人民币）拨款，在阜成门外八里庄新建一所校舍，给三十八中办学使用。1952年底动工，1954年6月竣工，同年9月1日在新校舍开学。

三十八中在王府仓的校舍，比四十二中在丰盛胡同的校舍要好一些。北京市教育局准备将三十八中迁到八里庄后，将四十二中搬到王府仓校舍办学，为避免学校改名与房产主产生新矛盾，决定四十二中迁到王府仓后改称北京市第三十八中学，三十八中迁到八里庄后改称北京市第四十二中学。

5 成达中学的学生运动

成达中学是新民主主义革命时期积极参加北平学生运动的私立中学。早在日伪时期，中共地下党员魏笑天即来成达中学活动，团结进步教师徐楚波（地理教师）、李一鸣（音乐教师）等，在学生中教唱进步歌曲，揭露社会黑暗，抵制汉奸文化。1944年春，发展初三学生房世仁、郑志刚（郑博南）为地下党员，高二学生张树勋、孟继桢（罗文）、张新华、李纯儒等与地下党取得联系，在校内传播革命思想，使很多同学关心民族命运，关心时事政治。1945年5月，地下党员张敏学（张云冀）从河北省武清县来校任体育教师，在魏笑天领导下，积极开展工作，发展组织，促使段家继（兰可夫）、

张树勋

张树勋、张新华、李纯儒、杜兆兴（即欧阳春）、谷安华、古振声（即古首）、刘述邦、李皓泉、郑天祥、刁连山、薄树森等十几名同学相继入党，学校革命气氛日趋浓厚。他们派谷安华、刘述邦进入学生会，谷安华任学生会主席，以学生会的公开身份开展活动，组织各种读书会，秘密阅读苏联进步小说和当时的进步刊物，如党在北平出版的刊物《解放》、在张家口解放区出版的《北方文化》《长城》，民盟办的《民主星期刊》，等等；组织歌咏队，演唱《民主进行曲》《延安颂》《黄河大合唱》等革命歌曲；在校园内出版《成达文苑》《大众园地》等壁报，宣传进步思想。1945 年秋，党组织发动师生罢课、罢教一个月，驱逐了日伪时期为汉奸卖力，抗战胜利后投靠国民党、压制打骂学生的训育主任。当时，国民党军警几十人来校企图镇压，但是在师生团结斗争的形势面前未能得逞。同年 9 月，本校学生抵制了国民党三青团借口"张莘夫事件"煽动组织的反苏大游行。

1946 年 4 月 21 日，北平各界进步人士在中山公园音乐堂举行"促进宪政大会"。不少学校是零散奔赴会场，成达中学却组织起百余人的队伍，高举校旗，一路敲锣打鼓前往；并且遵照中共北平地下党学委的安排，成达中学高中同学负责大会现场的纠察保安任务。大会上，朝阳学院陈谨昆教授和成达中学徐楚波老师发表了慷慨激昂的演说，国民党军警特务却捣毁会场，打伤徐楚波等多人。这就是著名的"四·二一事件"。成达中学师生是这次事件的主力之一。

曾任北京第四十二中学和北京师院附中校长的艾友兰当时

是中国大学的学生。他回忆说："那时从事地下工作是单线联系个别行动，我的任务是开辟北平至晋察冀根据地的秘密交通线，制造证件，输送人员，一般不参加公开的活动。但是那天的动静太大，我也带着几位进步同学前去听讲。去得较早，场内有二三百人，台上开始布置讲桌，挂国民党旗国旗。离我不远的一名师大的三青团头子开始起哄呐喊，指责党旗挂歪，口出不逊；接着吠影吠声，一片乱哄，石头、砖头抛至台上；几十人冲上台打砸抢；看起来是早有预谋。布置会场的已退到后台，紧闭大门。三青团、国民党分子用桌椅砸门，冲进后台打伤了陈瑾昆等几位准备讲演的人士。台下也有百余特务驱赶、殴打听众，抓了一些人押到场外路南中山公园派出所。我们几个退到音乐堂进口，居高临下，看见已有宪兵十九团的一二百官兵，全副武装，头戴钢盔，端着上了刺刀的步枪，分两层向音乐堂包围过来；此时距场内动乱不及 10 分钟，可见早有准备。我们冲出宪兵包围，音乐堂外聚有上千人，学生、记者、社会人士，一群一伙义愤填膺，斥责国民党三青团的镇压行动，直到下午两点才散尽。此次成达中学的地理教师、民进组织创始人之一徐楚波老师被特务毒打负伤。后来北平地下党负责人对我说，在这场艰苦激烈的斗争中，成达中学师生不仅走在最前列，而且成达的高中同学还担负了大会的纠察任务，与军警特务展开面对面的斗争。"

由于斗争的锻炼，成达中学地下党发展近 20 人，是新中国成立前北平市地下党员最多的一所中学。这些党员根据斗争的需要，逐步调往解放区工作学习，成长为革命的生力军。

　　1946 年，北平市教育局曾密发训令，要求"各校查明具报学生非法活动"。据此，成达中学上报了一份名为《本市私立成达中学奸党活动情形》的文字材料，内容如下：

　　　　一、中南海私立成达中学奸党负责人为赵熙庭张敏学二人，赵熙庭年 32 岁，北平人，体胖，住北沟沿前沙络胡同 5 号，系公民教员兼任市立第三中学、师大附中等校教职。张敏学 29 岁系成达中学体育教员。该二人系奸党"晋察冀中央局"派遣北平工作单位之一，由赵熙庭负责。工作范围为成达中学、师大女附中、第三中学。平日在课堂中即公开指摘政府谓为违反三民主义。学生有质问者则答称"真正之三民主义必包括国父之联苏联共扶助农工三大政策"等语。成达及女附中之学生自治会皆为赵张暗中策动。本（三十五年）年暑期考试前，成达学生会曾将校内三青团员及中立分子二十人指为"国特"，向校长提出名单要求开除，后为同学发觉，群情大讳，该赵熙庭张敏学二人见势不佳，暂为逃避，现仍在暗中活动。

　　　　二、成达中学之奸党主要分子计有谷安华二十岁高二、张蕴深十九岁高二、牟则伟十九岁高一、王庆田十八岁高一、刘述邦二十岁高一，以上五人凡事皆秉承赵熙庭张敏学之命，掌握学生自治会。四月间中山公园开"国大代表选举协进会"时，刘述邦动员成达学生五十余人列队参加。

该材料从反面印证了中共北平地下党组织在成达中学领导学生运动的情况。

军管会和中共北平市委，从 1949 年 2～4 月派员接管了市内全部公立中学，并从大学生中抽调共产党员到私立学校担任政治教员。至 1949 年 4 月，除四五所私立中学外，各私立中学都配备了政治教员。这些政治教员在业务上按照新思想教授政治课，同时负责在师生中发展党员、团员，建立党团组织，负责领导各项政治运动，贯彻党的方针政策，并逐步就任校党支部书记职务，担负起团结教职工、改造旧学校的重任。

成达中学属于没有派进党员政治教师的少数几所私立中学中的一所。在全市中学建立党团组织、改造旧学校的进程中，成达中学未能同步进行，因此，在新旧交替的当口，成达中学呈现的是一时混乱无序的局面。

当时主持校务的是代校长姚丽卿。他曾先后担任过伪教育总署科长和国民党政府教育局二科科长、师大训导科科长。代教导主任王竹楼，曾任伪唐山新民会会长，新中国成立后在唐山市省立中学当教员，被该校驱逐。在抗美援朝运动中，成达中学有学生向王竹楼报告，要求他处分破坏这一运动的反动流氓学生，他不但拒不接受，反而说："留神，不要累白了你的头发。"在此期间，姚王二人大量任用私人关系。这些人多数为不称职人员，引起全校师生不满。抗美援朝运动中，姚王二人消极怠工，纵容反动分子活动，与党团对立，打击进步师生；他们违反政府助学金政策，借以收买流氓学生，建立自己的势力；他们不执行教育局指示，如违反"关于成绩考核办法"，致使有的学生应降级却不降级，有的学生未经考试却照样升级；凡此种种，激起广大进步师生的公愤。在忍无可忍的情况下，由青年职员杨明波（青年团支部负责人）、杨怡修（少先队辅导员）和工会发动组织，并得到青年团西单区委王坚真的领导，成达中学革命师生组织起"驱姚逐王"斗争。他们先是在校内组织进步师生游行抗议，并向北京市教育局递交书面材料反映情况，后于1951年12月30日召开大会，控诉代校长姚丽卿和代教导主任王竹楼是反动教育骗子，要求北京市教育局撤换他们的职务。

北京市教育局派员到校深入调查了解情况，认为姚丽卿、王竹楼确实不执行新民主主义的方针政策，应予撤换。在1951年12月30日的全校大会上，教育局代表当众宣布：撤销姚丽卿代校长职务，撤销王竹楼代教导主任职务。此时，姚丽卿、王竹楼二人早已擅离职守，久去不归。12月30日下午，成达中学工会召开全体教职员工大会，邀请青年团支部代表、学生会代表参加，选出9人组成临时校务委员会，暂时管理学校。

"驱姚逐王"斗争反映了成达中学师生弃旧图新、追求进步的愿望，同时也引起上级部门的关注。

1952年初，中共北京市委、北京市人民政府，调北京市大中中学（后改为二十二中）教导主任、中共党员吴纯性到成达中学任校长；中共西单区委、青年团西单区委调志成中学（后改为三十五中）高中留校生、中共党员唐继赤到成达中学任青年团专职书记。吴纯性校长从大中中学请来李赓寅接管成达中学教务工作，此前教务处已空无一人。

吴纯性接管学校后，首先对教师队伍进行了必要的清理和补充，同时对学校的教学秩序和学生的组织纪律进行了有力的整顿和建设。为了更有效地解决这些问题，吴纯性决定暂停高中招生。经过艰苦的工作，成达中学教学秩序紊乱和学生纪律松弛的局面得以扭转，学校面貌得到明显改观。

6 一位四朝元老的回忆

首都师大附中有一位健在的"四朝元老"。她就是历经成达中学、三十八中、四十二中和北京师院附中的李赓寅先生。①

在校史座谈会上，李先生应邀讲述了自己从教一生的经历。

李先生出生于正志中学创建的第十年——1924 年。1942

李赓寅

年，她从北平辅仁女中高中毕业。当时，北平已沦陷。李先生的丈夫从辅仁大学毕业后，不愿做亡国奴，去了四川大学继续

———————

① 在盛大的百年庆典上，演出音乐舞蹈史诗《摇篮》，其中有一位女教师庄青云是贯穿始终的角色,节目单上注明:"人物原型李赓寅。"

读书；李先生则跟随父母回到老家河南叶县。到叶县不久，日本侵略者打过来，她的父亲（毕业于保定军校）随县政府去山里投奔八路军打游击，专门截击日本运给养的军车。1945年，日本投降，叶县的中小学复课，但没有老师。当地教育部门听说李先生从北平辅仁女中毕业，就动员她去县立师范教书。就这样，李先生开始了教师生涯。她一星期六节课（国文课），还兼教图画，当时一个月挣 300 斤小麦。那年，叶县作文比赛，张榜公布第一名叫刘乐群，是李先生教的学生。大家都说这是北京来的李老师，祖父曾是前清的翰林，不愧是书香门第。李先生一时间在叶县被传为佳话。

1949 年，北平和平解放，李先生全家回到北京，开始在大兴县榆垡小学教书。有一次，她碰到小学时的同学。这位同学跟李先生家里是世交，看到李先生一个人带着孩子在大兴教书，就帮忙介绍她去交道口东大街育德中学（现北京第二十二中学）。育德中学的校长张逊如安排李先生去图书馆工作。一进图书馆，李先生真高兴啊，全是自己没见过的图书，特别是苏联的各类书籍，深深地吸引了她。在管理图书之余，李先生阅读了大量的新书。新的知识，新的生活，使她眼界豁然宽广。

不久，学校改为大中中学。有一天，教务主任吴纯性找到李先生，说："我调到成达中学去，你跟我过去吧。"李先生说："到那儿干什么呀？"他说："成达教导处人都散了，跟我接管教导处，赶快拾掇拾掇这就走！"第二天，李先生就跟着吴纯性来到成达中学。吴纯性任校长，工作认真，管理严格。李先生在教导处负责排课表、考试和招生工作。

李先生回忆说："那时候上进心很强，尽管工作非常忙，我还参加中苏友好协会组织的夜校，学习俄语。每周一、三、五晚上，我骑自行车去沙滩北大红楼听俄语课。听课是免费的，授课的老师都是留苏学生（退休后，在首都师范大学校园里散步，还看见当年教我们俄语课的老师。他曾任首都师大外语系主任，当时他已90岁高龄）。俄语夜校学了一年，通过了教育局考试，分配我去女三中教俄语。当我兴致勃勃地把好消息报告给吴纯性校长，不料他一脸严肃：'把这里教导处甩了你上女三中？不行。咱们还有两个班俄语没人教，你就教这两个班吧。'一口回绝了教育局的通知。当时成达中学已经是每个年级六个班，男女分班。我除了担任教导处全部工作的同时，还教初二两个女生班的俄语。每天晚上备课都要到十一二点，虽然很辛苦，但我很高兴。后来取消了初中外语课，我才专职干我的教导处工作，这一干就是30多年。"

1952年，私立成达中学与私立教会学校上义中学合并，改为公立学校——北京市第三十八中学。1954年，北京市教育局决定在阜成门外八里庄建设新校园，三十八中学迁址后改称北京市第四十二中学。吴纯性校长宣布这个消息后，很多教师不愿意随校搬迁。李先生回忆说："那时的北京城还围绕着高大的城墙，出城只能通过城门，城门早开晚闭。阜成门是一座高大的城门楼，城门前有一条绕城而过的护城河，出了城门过了护城河，没有任何建筑物，只有一望无际的庄稼和菜地，如此走出八里远的地方去建校，令人望而生畏。但是我愿意跟去，哪里有学校，哪里就是我的家。就这样，我带着两个孩子来到阜外八里庄，参与了北京第四十二中学的建设和教学生活。"

新的校园十分宽敞。一个工字型的教学楼，宽大的礼堂，北侧一东一西两座男女学生宿舍楼，再往北是大操场，田径场、足球场、篮球场、排球场，学生们可以在运动场上尽情奔跑运动。操场的东侧有三排平房，分别是教工食堂、音乐教室、体音美教研组和家属宿舍。李先生说："我带着孩子就住在这里。校园西侧保留一片耕地，一口汲水井，那是生物教研组的试验田，随着季节种植着不同的农作物；校园东边是正在建设中的北京师范学院（首都师范大学前身）；校园的南边是八里庄小学校（一座古庙）；校园的北边西边都是庄稼地、菜地和坟地。那时的空气非常好，没有任何污染，一眼望去能看到西山，连玉泉山上的亭子都看得清清楚楚。"

北京四十二中发展很快，初中每年级6个班，高中每年级3个班。李先生回忆说："我的工作更繁忙了，主管排课表，管理学籍，招录新生。暑假老师们都放假了，我被集中到区里统一招生录取，然后一份一份地寄发录取通知书；编排课表：所有课程和教师都装在我脑子里，统筹、合理地安排，开学前要将32个班新学期的课表送到教师手里；填写学籍卡：全校近2000名学生，学籍卡片我都要一一填写，贴照片；当时的考试卷都是刻蜡版，期中、期末考试的所有试卷都是我一笔一笔地刻出来，用手摇油印机一辊子一辊子推印出来，晚上加班是经常的事。一个人做那么多事，从来没觉得累，因为这是我的工作。"

1956 年，吴纯性调到北京师范学院，从北京三十四中学调来艾友兰接任校长。李先生清楚记得，艾校长每天早上到校很早，师生还没有来，就看见他在东跨楼里拖着墩布擦楼道；他工作抓得紧，特别重视学校建设、教学质量和师生思想，曾经提出"超十九、赶一〇一"的规划目标。

李先生是民主促进会成员，因为海外关系而没能加入共产党，1956 年参加了民主党派，是学校民主促进会会龄最长的民主人士，至今仍积极参加组织活动。她由衷地表示："我热爱共产党，热爱祖国，同样热爱我的学校。"

李先生和学校一同经历了"文化大革命"，住过牛棚，下过五七干校。"文革"浩劫之后，她继续在教务处工作，以校为家三十载，直至 20 世纪 80 年代退休。退休后，她也从未真正离开过学校，时刻关心着学校的建设和发展，曾经是学校顾问组成员。闲暇时，她学习书法、绘画，经常写些文章投稿《不老园》。

2014 年校庆时，李先生深情地说："我 1924 年出生，正是建校十周年；今年是学校百年华诞，也是我九十寿辰，能经历这样一个难得的日子，我感到幸运和幸福。我爱这个学校，高兴地伴随她走入第二个百年！"

7 迟来的道歉

"文化大革命"是百年校史绕不开的话题。全国"文革"爆发的标志性事件是 1966 年 6 月 1 日中央人民广播电台播发北大聂元梓等人"全国第一张马列主义大字报"及《人民日报》评论员文章，而北京师院附中学生的"造反"要早20天。

1966年5月10日，高一（1）班学生在晚自习后不回宿舍就寝，情绪反常地高声喧闹："北京市委已经全烂了"，"学校十七年执行的都是修正主义路线"，"搞的都是封、资、修"，"再过一个月我们都要上街游行，天下就会大乱！"他们暗示这些论调有来头，使惶恐不安的气氛迅速蔓延。此时，按照原有的党政组织系统，已经听不到上级的声音。北京师院附中的"文化大革命"由此爆发，一连串匪夷所思的事情突如其来地降临。

6月7日，艾友兰校长按照中共北京新市委的指示，从早晨第一节课开始通过广播向全校师生做广播讲话，动员全校师生参加"文化大革命"。此时，高三年级某学生带领一批"造反"的学生要冲进广播室，抢占广播室进行"造反"的广播讲话。另外，也有一批站在学校领导一边的学生赶到广播室门前。两边展开了大辩论，一边要冲，一边不让冲，双方情绪都很激昂。楼梯、楼道中的人越集越多。有人高喊："咱们到操场去吧！"于是，"造反"的都到了后操场，站在学校领导一边的都集中到了东操场。两边对阵，但不直接接触。此时，高二的一位同学打电话向北京新市委书记李雪峰报告了学校的情况。很快，团中央书记处候补书记胡启立带人赶到学校。第二天，团中央工作组正式进入学校，北京师院附中的党政领导都被宣布打倒。这就是校史上著名的"六七事件"。

48年后，当年的高二学生、现为首都师大附中校友会会长的马晓力在《我印象中的"六七事件"》一文中，对那场灾难做了更为具体的描述：

6月7日早，还未正式上课，是每天惯常听校广播的时间，我们班在教室里静静等候校领导如往常一样广播训话。半天，杳无声响。正莫名之际，有线广播突然传来："同学们，有人抢占校广播室，大家快来保卫校广播室！保卫校党支部！"话音刚落，已听到楼道里挤满了人，乱哄哄的。这时，班里有位同学说，都什么时候了我们还坐在这儿？我们应该支持高某某到广播室讲话。顷刻，班里像炸了窝，乱作一团，再没有一张安静的课桌了。

我好奇地跑到了二楼广播室门前，一看挤满了人，当中被围着的正是那位我敬慕已久的第一批高中学生党员、一贯以艰苦朴素著称的高某某，她正对着主持发展她入党的教导主任杜森老师大声喊着："为什么不让我们进广播室？我们有话要向全校同学讲！"这场面令我始料不及，二者都是我平素敬重的人，此刻剑拔弩张，势不两立。口号声、叫喊声和互相推挤的人群使一、二层楼道楼梯形成一个风暴眼！一时间，我心咚咚乱跳，真是慌了神。正不知所措时，听到有人喊：不让进广播室，咱们就都到大操场去辩论！于是，人们簇拥着高某某和杜森主任向操场涌去。我跟着人流到了操场，人越聚越多，乱乱哄哄，有人搬来椅子，让高某某站在椅子上讲，有人支持有人反对，也听不清讲些什么。这时，有人问我：怎么办？这不乱了吗？有人说：艾校长不知在哪里？他可能还不知道这儿的情况。于是，我不假思索地赶忙去找艾校长。正在楼道里窜来窜去时，突然看到很多同学围在艾校长身边，被拥着往楼道东边走，我迎头向艾校长喊了声：艾校长，学校乱了，怎么办？艾校长说：学校不能乱！我去向上级反映。你们有什么办法也想想，不管怎样，学校不能乱！

一时间我受到了鼓舞，定神想了想，正好我姐姐好友的爸爸是刚刚新上任的北京市市委书记李雪峰。我兴奋地立刻搜出小电话本冲到传达室，将电话直拨到了李雪峰家里，他的秘书接了电话。我气喘吁吁地说：我有重要事情报告，一定请李书记接电话，我是谁谁家的，谁谁的妹妹。不好了，学校乱了，快派人来吧。很快李雪峰接了电话，说：不要着急，我们会马上请团中央派人去的，告诉同学们，一定要遵守秩序。我说：快派人来，越快越好！

我异常兴奋地去报告艾校长。只见艾校长正慌张地从楼道里向院外走，我说：艾校长，我给市委书记李雪峰家里打了电话，他说马上让团中央派人来。艾校长点点头说：那好，那好。我焦急地等着李雪峰书记派的人来，左等右等不见来，心像长了毛刺一样忐忑不安。而操场上辩论气氛愈加火爆，有声泪俱下控诉的，也有高呼口号保卫校党支部的；站在反对校领导学生一边的徐顺刚老师没讲几句就被人举着写有"大右派"的标语轰了下去，并被"押"走。

时间一分钟一分钟地过去了，大约十一点半了，突然有人高喊：上级领导派人来了！只见来者急匆匆地走进教学大楼，一边走一边说："我是团中央的，我叫胡启立。"这时，我悬着的心像一块石头落了地，心想，总算把你们盼来了。

胡启立在学校礼堂的台子上讲了一通话，无非是要大家遵守纪律，照常上课，不要出校上街游行。他最后高声说："革命同学们，我支持你们！"同学们也分不清他支持的是谁，却都激动得热泪盈框（眶），不断高呼毛主席万岁！

胡启立来了，很快又走了，似乎对那种混乱局面，他也无能为力，像是面对燃起的大火，浇了一瓢开水。扬汤止沸，毛主席点燃的大火，谁能抵挡得住！从这一天开始，学校便燃起了"文革"熊熊大火，学生分裂、教师分裂，学生斗老师、学生斗学生，全然进入了无政府状态。

对于事态的发展，当时担任副教导主任，后来担任校长的杜森在《为了实现一个夙愿》一文中有着这样的描述：

6月16日工作组在操场召开全校批斗"走资派"大会。校长艾友兰、书记秋粟、副校长王浒、教导主任赵幼侠被强迫跪在前面，每人头上被戴上一顶纸糊1米高的尖顶高帽，上写"黑帮"两个黑色大字。批斗中又把党员中层干部、分支书记和政治教研组全体党员揪上台跪下陪斗，20余人跪了一大片。会后把这些人押到会议室继续罚跪。工作组提出要追第二条线，就是响应"革命号召"起来带头"造反"的教师，这就形成了比"黑帮"队伍更大的一支"牛鬼蛇神"队伍。

学生的"造反"受到鼓励，由此愈演愈烈。对校长艾友兰大会批小会斗，从戴高帽子罚跪变成"喷气式"（一种使人更加痛苦的形式），把沉重的铁秤砣用细铁丝系在脖子上，铁丝深深勒进皮肉之中。白天殴打，夜间拉出去殴打，被打得浑身是伤皮开肉绽，衬衣与血肉粘在一起脱不下来。在他生命处于极其危险的时刻，高二学生郭冀平几次出面保护，使他幸免于非命。遭受如此残酷迫害的还有赵幼侠、徐顺刚、孙惠新、徐延缨、郝持等多位教师。至于打几个嘴巴抽几皮带，对大多教师已是家常便饭。

生物教师喻瑞芬被打昏后，造反派学生抓住她两条腿向楼外拖，每下一层台阶头就撞地一次；死过去后，竟用开水浇头，还残忍地在操场曝尸三天。我校造反派学生把西城区一个持不同观点的中学生抓来百般殴打，致其肝脏破裂当场毙命。这种打砸抢的造反恐怖持续到第二年。

与此同时，"知识越多越反动"、"教师的大多数是资产阶级知识分子"、"对资产阶级知识分子要进行无产阶级专政"等反动论调开始盛行，甚而公然把"头上长角，身上长刺的人"、"白卷英雄"当培养目标。

此后在校生陆续离校上山下乡，全国取消高考，大学停止招生，我校同全国各类学校一样，虽然逐年招入新生，但是没有正规的授课内容，没有稳定的教师队伍，我校同全国教育事业一样，完全处于荒芜状态。

"文革"十年，是践踏人类文明的十年，是摧残教育的十年，我校与全国所有学校一样，遭受了深重的灾难。具体而言，主要是：一、是非颠倒思想混乱。对教育要不要办，靠谁办？培养什么样的人，怎样培养？全都乱了套，学校无法办下去。二、我们经多年积累培养出的一支优秀的教职工队伍遭到严重破坏，流失40多位骨干力量，对办学的戕害真是伤筋动骨！

1976年"文革"结束，1977年恢复高校招生考试制度，一系列举措为教育事业营造了良好的社会环境。重新回到学校领导岗位的艾友兰、杜森等，团结领导班子成员，拨乱反正，收拾残局，重新提出把学校"办成北京市一流水平的中学"的目标。他们团结全体教职工，经过数年努力，把"办成北京市一流水平的中学"的理想变成师院附中真真切切的现实。2010年艾友兰去世后，1981届毕业生向学校捐赠了一尊艾友兰校长塑像。

2014年9月10日，首都师大附中隆重召开庆祝教师节暨百年校庆大会。在系列活动之"师恩难忘"活动中，马晓力以校友会会长的身份应邀在会上发言。她严肃地要求在场师生和校友起立，向"文革"中惨遭迫害的师生沉痛默哀，并以忏悔的心绪向那一代师长致歉。她说：

1981 届毕业生捐赠的艾友兰校长塑像

马晓力在庆祝教师节暨百年校庆大会上讲话致歉

　　48 年过去了，请允许我代表自己和一些认可我的当年老三届的同学们，向被我们有意无意伤害过的老师和所有教职员工致以深深的歉意，请接受我们这份来得太迟的道歉！在此，我们还要向那场"文革"灾难中不幸被残暴致死的喻瑞芬老师以及田钦老师的弟弟田悦致以深深的默哀。

　　这份道歉实在是来得太迟太晚了，尽管我们没有为那场灾难承担全部责任的资格，但不道歉是说不过去的……我很钦佩德意志民族对待法西斯纳粹和国家社会主义的反思态度。勃兰特总理的一跪，不仅没有使德国受辱丧失尊严，反而使整个德意志民族从此站起来了！我们应反思历史，拒绝遗忘，用拱卒精神推动"文革"反思，促进社会和谐和文明进步。

　　她的发言犹如暮鼓晨钟撞击着人们的心扉，令在场的老师和校友热泪盈眶、掩面唏嘘。这种公开而郑重的"文革"道歉，此前仅在北京市第八中学和北师大实验中学（前师大女附中）发生过，而且范围较小，因此马晓力的道歉震撼力远远超前，赢得在场师生经久不息的掌声。

　　耄耋之年的老校长杜森深有感触地说："这个道歉，我们整整等了 48 年。须知马晓力在'文革'中表现是很好的，今天她却替那些伤害师长的同学来道歉。"

　　无论如何，马晓力的道歉代表着历史的趋势，她的道歉为北京师院附中的"文革"画上重重的句号。

【相关链接】

马晓力，北京师院附中 1967 届高中毕业生。1968 年到内蒙古锡林郭勒盟东乌旗插队，1974 年被抽调回京当中学教师；1979 年到中央统战部，1981 年任机关党委副书记，1987 年任四局副局长；后任国力资产投资管理公司董事长，北京草原恋合唱团团长。

三 桃李芬芳

历届毕业生人才济济、星光灿烂，不仅有曾戛初、林日藩这样的抗日将领，还有中科院院士刘光鼎、荣获国家级发明奖的徐乍英这样的顶级科学家；不仅涌现出国庆 30 周年群众游行时打出"小平你好"标语的于宏实这样的莘莘学子，也不乏曾任国家男篮队长、著名篮球教练黄频捷和主导制造中国第一艘航母的李长江少将这样的领军人物。

1 抗日名将：曾戛初

曾戛初，江西吉安人，1905 年 3 月 7 日生于江西省吉水县水南镇下车村，曾任预备第五师少将师长，兼鄱阳湖警备司令、江西省保安副司令。

戛初少敏慧，勤学不倦，12 岁已熟读孔孟全书，后赴北平就读汇文小学、成达中学，成绩优良名列前茅；从成达中学毕业后弃文习武，1925 年考入日本士官学校 19 期步科。1928

年学成归国，服务军旅，以战功和考绩优良晋升上校团长。

1937 年 7 月，日本全面侵华，曾戛初任鄱阳湖警备部少将司令，隶属第九战区第一兵团。警备部在原辖江西省 5 个保安团基础上增加兵员，配备炮艇 2 艘、巡逻艇 3 艘，扼守鄱阳湖口，以遏止日寇窜入湖进犯南昌。

1938 年，日寇纠集几个师团，分兵两路直逼南昌；曾戛初部与友军凭河坚守，展开拉锯战达一年之久，令南昌岿然不动。是年冬，戛初兼任江西省第二区行政督察专员兼区保安司令，辖 11 县。

1939 年 1 月，陆军预备第五师建制，曾戛初任少将师长兼鄱阳湖警备司令。3 月，武汉失守，日寇进击南昌，以一〇六师团及海军陆战队兵力共 1.3 万余人，分乘舰艇 73 艘，偷袭湖口，企图强行登陆。曾戛初统领的预五师首当其冲。他身先士卒，督师杀敌。全体官兵无不为之感动，竞相助勉，振臂高呼："曾师长，请放心，我们誓死和阵地共存亡！"我军将日寇一一击溃，击沉敌舰 7 艘，毙敌百余。

不久，日寇再谋南昌。曾戛初率领一团攻坚，鏖战 8 昼夜，七进七出，保住南昌。国民政府军事委员会传令嘉奖，给曾记大功两次。

4 月，南昌失守，战区司令部长官制定反攻南昌方案，以预五师为主攻部队。曾戛初部星夜过瑶湖，逼近南昌郊区莲塘机场。5 月 6 日，兵临莲塘镇，南昌城在望，曾戛初挥师出击，前仆后继血战竟日，终因日寇投掷毒气弹无法突破敌军防线而退守抚河。

1941 年 3 月，日寇进击长沙，预五师奉命驰援高安。曾戛初部以强行军速度按期到达阵地投入战斗，大获全胜，再次收复高安。曾戛初又获记功受奖。

1942 年 5 月，日寇纠集 5 个师团及浙赣两省伪军共 10 余万人向我军发动进攻。预五师奉命开赴浙江金华，曾戛初率部日夜兼程及时抵达浙江驻防建德。曾戛初奉命"坚守建德三天（5 月 23～25 日）掩护友军转移"。其时，敌强我弱，战士思想波动，认为："我们是杂牌军装备差，独当一面等于送死。"曾戛初在誓师会上慷慨号召："国难当头，全体将士当以团结为重，今日为国难而死，虽死犹荣！"曾戛初亲率 7 个营抵御日寇两个师团的猖狂进攻，击毁敌战车 10 辆、敌舰 5 艘，守住了乌龙山阵地。

第三天，日寇违反国际公约，向我军施放毒气弹、催泪弹、燃烧弹。曾戛初命令副师长代理指挥，自己冲出指挥部带领两个营和直属搜索连，迅速增援十五团，重新组织火力，与敌军肉搏到夜半。第四天，曾戛初还是以那 7 个营的兵力，击溃了日寇两个师团，歼敌三千。

6 月初，曾戛初部奉命驰援闽北，部队在沦陷区迂回穿插，旬日始达。此时，广昌又陷入敌手，曾戛初率部越仙霞岭，夺回广昌。8 月上旬，战区电令浙赣境内同时展开反攻，曾戛初率预五师负责攻取洋口、五都、广丰等 3 个敌军据点。17 日午夜，预五师的十四团、十五团分别夺取了洋口、五都，包围了广丰县城；20 日，攻入城内与敌军巷战，歼敌一个旅团，收复广丰，大获全胜。军事委员会传令嘉奖，预五师荣获甲等第一名，奖金 2 万元；"该师以七营之众，拒敌两师团"之美誉，传遍全国。1944 年 10 月，曾戛初调升二十八军副军长。①

2　抗日战神：林日藩

林日藩，海南省文昌市会文镇人，1927 年 7 月毕业于成达中学第 16 班，后留学日本陆军士官学校第 22 期重炮野战科，南京陆军大学特六期毕业。1931 年起任炮兵营连长、营长，参谋本部炮兵总监部监员、中校科长。

1937 年 7 月，日本全面侵华。8 月 9 日，上海发生虹桥机场事件。11 日，国民政府决定主动出击围攻上海。林日藩率领炮兵第十团第三营奉命从南京出发，开赴苏州与第二营会合，归京沪警备司令张治中指挥。当晚 11 时，张治中为贯彻扫荡淞沪日军的目的，下令输送现有军队至上海，置重点于江湾、彭浦附近，准备对敌猛烈攻击。12 日拂晓，炮十团一个营由京沪铁路进至真茹、大场一线。13 日，装备博福斯山炮的炮兵第三团在岭南山庄、江湾镇附近进入阵地，随后装备日造三八式、辽造民 19 年式重榴炮各 8 门的炮八团抵达彭浦附近。这样，国军已在沪西集结 24 门重榴炮和 24 门山炮。14 日，炮十团一个营于大场、暨南新村一带占领阵地，担负对日海军陆战队司令部等进行攻击任务。傍晚，向日寇发起炮击，

---

① 本部分根据陈欣汇集资料整理。

命中日海军陆战队司令部一带各目标甚多。日军轰炸机对我军重炮兵阵地侦察轰炸，日夜不停。我军每次炮击后即迁离现场掩蔽，一到深夜便利用夜幕掩护进入阵地发炮。

10月上旬，林日藩指挥二营向黄浦江中的日舰开炮，三发破甲弹分别击中一艘日舰的主机、驾驶台和烟囱，取得击沉日舰的骄人成绩。

1943年后，林日藩任陆军总部直属炮兵第七团少将团长、中央炮兵师少将参谋长兼重炮群指挥官。他在作战中视任务需求，打破原有山炮、野炮、榴弹炮部队建制，将不同类型的火炮集结成功能全面的火力集团。1944年5月，中国远征军强渡怒江，拉开滇西反攻战的序幕。炮十团阵地配置在炮七团后方东北侧，各连相距都在1千米左右。正当构筑炮位、观察敌情时，被日军炮兵发现，随即是铺天盖地的炮火呼啸而来。由于炮位立足未稳，我军无法进行还击，只得利用地形隐蔽。幸好林日藩指挥的炮七团反应快，立即发炮压制。双方炮战直到天黑方才沉寂下来。我军冒雨重构工事，做好第二天的战斗准备。翌日拂晓，"三十二倍十五榴"发出复仇之火，时而单炮，时而齐发。当日，摧毁日军炮兵阵地一处，重创观测所三处。6月4日，中国远征军开始攻击松山之敌。林日藩的炮七团弹药充足，连续射击七八天，发射炮弹千余发，成功协助陆军攻克松山。林日藩在台湾退役后，曾任海南同乡会会长。①

---

① 本部分根据陈欣汇集资料整理。

3 革命烈士：杨鸿才

杨鸿才，少怀救国济民之志，努力追求真理。民国初期，他先后就读于安徽阜阳六中、北平成达中学。1925 年，他考入北平农业大学。次年，他亲历"三·一八"惨案，痛恨军阀祸国殃民，遂弃学返回家乡安徽省蒙城县，组织"蒙光社"，创办"蒙光周刊"，宣传三民主义，拥护国共合作。1927 年夏，他加入国民党，组织工、农、商、学各界欢迎北伐军进城。次年春，他领导建立工人、商人、农民、妇女等协会，揪斗土豪劣绅，打击地方实权派，提倡男女平等、工农参政、妇女读书放脚，推行男子剪辫等新政。同年秋，商会会长李麟阁买通驻蒙城樊钟秀部建国军，逮捕杨鸿才。这导致群情激愤，冲击商会。李迫于舆论压力，将杨鸿才释放。杨鸿才获释后，重建县总工会，创办平民学校，继续宣传民主。

1930 年 9 月，杨鸿才先后在双涧、板桥等地教书，开始接受马列主义，探索救国救民的道路。他组织"读书会"，抨击时弊，启发学生为真理而斗争。1934 年，他任蒙城县政府建设科长，领导治理茨河。1937 年，抗日战争爆发后，他拥护共产党一致抗日的主张，亲赴延安，但在陕西被阻。次年冬，他拜会安徽省民众动员委员会负责人章乃器、张劲夫，学习毛泽东有关抗战的著作，先后任宿县、蒙城县民众动员委员会指导员。1939 年 5 月，他在县长马忍言支持下，组建青年、工人、妇女等抗敌协会；资助开办"大同书店"，其后任经理，大力宣传抗日救亡。同年秋，他由邵光介绍为中共特别党员，更加忘我地工作，为共产党和新四军搜集和传递情报。1939年冬，袁传璧接任县长，加紧反共，搜捕进步人士。中共蒙城工委根据上级指示，把暴露身份的同志转移到解放区。杨鸿才以开酱园作掩护，坚持斗争。1939年3月31日深夜，杨鸿才等四名中共党员被国民党安徽省保安六团逮捕，4月1日夜惨遭毒手，壮烈牺牲。1983年，蒙城县人民政府在四烈士殉难处新建陵墓，立碑纪念。①

4 中科院院士：刘光鼎

刘光鼎，1929年12月29日出生，山东蓬莱人，是中国著名海洋地质与地球物理学家。1942年在成达中学就读三年。1952年毕业于北京大学物理系。1958年组建中国第一个海洋物探队，后来任地质矿产部海洋地质司副司长、石油地质海洋地质局副局长，1989年任中国科学院地球物理研究所

刘光鼎

所长，1993年当选中国地球物理学会理事长，现任中国科学院院士、中国地球物理学会理事长、中国海洋学会名誉理事

---

① 本部分根据陈欣汇集资料整理。

长、《地球物理学报》《地球物理进展》主编、中国科学院地质与地球物理研究所研究员、全国政协委员。

刘光鼎出生在一个知识分子家庭。父亲刘本钊先后在清华大学、青岛大学、西南联合大学、山东大学执教；新中国成立前夕去台湾，就职于新竹"清华大学"，1968年逝世于台北。母亲董德玉在抗日初期携子女自青岛返回蓬莱，悬壶行医，支持子女参加革命。1940年，日军攻占蓬莱，母亲因是抗日家属而被害。

1941年，刘光鼎赴北平，先后在竞存中学、成达中学读初中，在辅仁中学读高中。他学习刻苦，成绩一直名列前茅，屡获奖学金，得免学杂费。他热爱运动，所在垒球队、篮球队分获北平市冠、亚军，其个人体操和单双杠均有良好成绩，铅球还曾取得北平市冠军纪录。刘光鼎后来回忆说："成达中学特别重视学生的理化实验课，学校实验设备齐全，在当时的北平市数一数二。成达中学给我打下良好的实验基础，这在后来进入北京大学时，就显示出我的优势。"抗战胜利后，在辅仁受老师王云轩影响，刘光鼎读了许多中外图书，接触到艾思奇的《大众哲学》及其他进步书籍，积极参加学生运动。

1947年高中毕业，刘光鼎考取山东大学并获物理系奖学金；未久，即感山东大学政治空气沉闷。1948年5月，他毅然返回北平，参加学生运动和地下党的活动，并于9月加入中国共产党；与此同时考取北京大学物理系并获奖学金。他一方面在饶毓泰、郑华炽等老师的教导下，学业有长足的进步；一方面积极投入地下党的活动，担任支部委员，迎接北平解放。

1951 年，"三反""五反"运动爆发，刘光鼎被调往北京市委工作。1951 年，他返回北大继续学习。不久，他即参加燃料工业部组织的实习队，任队长，率领物理系师生 10 人，先去西安、四郎庙学习石油地质与钻井技术；随后在洛川实习测量与重力；最后，经延安到延长，参加翁文波、赵仁寿领导的中国第一个地震队工作。通过这次实习，他极大地开阔了眼界，提高了思想认识，也决定将自己献身于研究应用物理学的理论、方法与技术，发展地质事业，为寻找地下埋藏的矿产资源而奋斗。实习后，他回到北大。地质系聘请翁文波教授为高年级学生讲授"地球物理勘探"，王鸿祯教授邀请刘光鼎任助教，担任该课程的小课辅导。这样，在辅导答疑的压力下，他全面地学习了地球物理勘探的各种方法，也经受了讲课与答疑的锻炼。

刘光鼎于 1958 年开创中国海洋地质与地球物理事业；1982 年完成"中国海地质构造及含油气性研究"，在中国近海大陆架地区发现六大新生代沉积盆地及一系列含油气构造。1986～1993 年，他系统整理了 30 年中国海洋地质资料，编制了中国海区及邻域地质——地球物理系列图及专著。刘光鼎对中国海进行了长期研究，为中国海洋资源开发做出了重大贡献。刘光鼎多次受到国家和部门的奖励："中国海地质构造及含油气性研究"获国家自然科学奖；中国海区及邻域地质—地球物理系列图获地质矿产部科技奖。

2014 年，刘光鼎应邀以贵宾身份参加首都师大附中百年校庆活动，并深情题词："百年树人，成德达才，薪火相传，再创辉煌"。

5 突出贡献专家：徐乍英

徐乍英

徐乍英 1937 年出生。父母在新中国成立前都是中国共产党的地下工作者。徐乍英 1958 年于北京市第四十二中学高中毕业，考入北京钢铁学院（现北京科技大学）粉末冶金专业，大学毕业后在北京粉末冶金研究所从事金刚石工具研究 30 余年，直到退休；取得"天然金刚石拉丝模及其制造方法"（专利号 86108742）等 16 项科研成果（绝大部分已转化成为生产力）。她曾获得国家级发明奖、全国科学大会奖、北京市级和部级科技进步奖、北京发明创新奖金奖、中国发明专利金奖（全国十大金奖之一）、国际发明展览会金牌奖、北京市发明展览会金牌奖，在国内外先后发表科技论文 18 篇，获"北京市有突出贡献科技专家"荣誉称号，享受国务院"政府特殊津贴"。

徐乍英在 20 世纪 70 年代就开始负责"金属与金刚石黏结技术"课题的研究，经过不懈探索，在金属黏结金刚石的应用上实现重大突破。而且，该技术工艺简捷，几十秒钟就能实现金刚石的黏结，在 70 年代末即投入运用。此后，由徐乍英完成的"金刚石拉丝模及制造方法"发明专利的应用，创造了显著的效益。该项专利自 1996 年开始实施，用于制造的产品已占全国销售市场的 50% ~ 65%，形成工业生产后，三年中为国家节约资金 6615 万元，节省大量天然金刚石；八年中，创技术经济效益达 2 亿元。徐乍英的名字被载入《中国当代发明家辞典》，其科研论文被收入《中国科技发明大百科全书》。

徐乍英说："荣耀的背后是艰辛。"这种艰辛甚至来自内部的阻挠。徐乍英科研项目的关键是用金属将金刚石（非金属）通过粉末冶金的方法粘焊牢固；由于难度极大，曾有多少人拿起又放下，而徐乍英在研制过程中既当高工又当小工，用了八年时间终于成功了，投产了，见效益了。这项成果可使全国的工具制造企业一年节省 1 千多克天然金刚石，节省上千万元的生产成本，每年可为国家节省 2500 万元的资金。北京市科委给她颁发科技进步一等奖，并鼓励她申报国家级科技发明奖。此时，曾与她共同攻关的某合作者回国了，看到其多年没解决的技术难关被徐乍英攻克了，就施展各种招数，先争科研成果的第一发明人，未遂后又阻挠她申报发明奖。徐乍英向评奖机构提供了国际上 13 个国家都没有与自己的发明相雷同的检索证明，由此证实自己是科研成果的第一发明人。那一位合作者继续施计阻挠。此间，徐乍英展示了自己的科研突破点和发明点——在常态下（不用高真空和气氛保护）快速(60 ~ 70 秒)低温（常温和不用测温）热压烧结，制造一个达到粘焊效果的产品（拉丝模金刚石），并拿出实验记录（12本）、原始资料（5 包）、跟踪了十年的经济效益证明（12 个企业）、外文译稿、有效试样（5盒）、机理分析相册，以及围绕该专题所发表6篇论文的一、二、三稿，充分证明了科研、试生产和投产的真实过程。终于，国家知识产权局正式通过了徐乍英的发明专利。这也是粉末冶金研究所的第一份发明专利。

与此同时，徐乍英不断提高自己科研成果的创新水平，在第一代技术推广面达全国10%的基础上，进一步完善技术内容，使第二代技术成果的推广面达到全国的50%～60%，使不少企业放弃引进国外的技术，而采用她的发明专利。

此后，徐乍英获得国家级发明奖。

2014年，徐乍英应邀以贵宾身份出席首都师大附中百年庆典，并在发言中深情地说："我从1956年考入北京四十二中学求学至今，与母校已有58年缘分。参加工作后，每每小有成就，我特别想感谢母校给我的教育与帮助。三年的高中生活让我不仅获得了丰厚的知识和健康的体魄；当年我想成为一名红色工程师，是母校帮我实现了这个梦想。"她当场取下胸前佩戴的国家级发明奖章，郑重赠予母校。

6 篮球名宿：黄频捷

黄频捷1947年出生在一个革命军人家庭。父亲曾任海军装备部副部长。黄频捷从小生活在海军大院，院里有很多运动器械，引起他对体育运动的浓厚兴趣。1960年，他考入北京师院附中，幸运地遇见他的启蒙教练李明忠。由北京师范学院

黄频捷回访母校

选调到附中的李明忠老师（后任副校长），球类运动专业毕业，篮球国际裁判，对体育教学及篮球运动学有专长。李明忠慧眼识珠，发现黄频捷具有篮球运动天赋：臂长腿长；别人起跳先屈膝，他起跳不屈膝直接腾起。李明忠把黄频捷挑出来手把手教基本技术，掰开揉碎讲解战术思想，将他吸收进校队悉心培养，加强锻炼，指导他练就坚实的基本功。到高中一年级，他就让黄频捷参加了北京市中学生篮球赛，为黄频捷提供了展现自己的机会。由于北京师院附中校队成绩优秀，黄频捷在比赛中表现突出，引起有关方面的注意。

专门负责为北京男篮培养专业后备力量的北京篮球队教练范正涛赛后找到黄频捷说："你是个打篮球的好苗子，愿不愿意到北京队打球，当一名专业篮球运动员？"范正涛进而做黄频捷父母的工作："我敢保证他不仅能打上北京队，而且肯定能进国家队。我当了半辈子教练，像黄频捷这样好的身体条件和这么过人的篮球悟性都是从未遇到过的。"

1964年，17岁的黄频捷调入北京篮球四队。当时，北京有四支专业队，其中有两支甲级队——北京男篮一队和北京工人队，另两支是青年梯队男篮三队和四队。在青年队里，一般球员都是阶梯式上升，黄频捷由于潜质优越、能力突出，训练一年就直接升入北京男篮一队。

黄频捷身高1.88米，在20世纪60年代的组织后卫里算是高个子了。在队中，有当时中国最好的组织后卫钱澄海、王忆诚、李春祥、蒋克礼等，身高都没有超过1.82米。黄频捷不仅身材高，而且弹跳出众、技术全面。那时全国各队鲜有能扣篮的队员，黄频捷却可以双手扣反篮。1965年第二届全运会，北京队带上这个小伙子，每场比赛都安排黄频捷上场，有意让他经受大赛的锻炼。北京男篮夺取了那届全运会的金牌，黄频捷在大赛中得以迅速提高，成为北京队的主力。

那个年代的年轻人比较单纯，周遭也没有那么多诱惑，黄频捷的生活就是运动场和宿舍"两点一线"。为了练习力量和耐力，他蹲杠铃、变速跑，训练后累得懒得说话，晚上睡觉几乎天天被抽筋抽醒。练自行车可以提高速率，但当时没有自行车票就买不到车，黄频捷便自己花钱买零件攒了一辆自行车，通过骑行练习腿部力量。为了投篮准确性，他常常在训练结束后再投几百次。

1966年6月1日，北京队在空军大院与各大军区抽调的篮球

尖子组成的八一队比赛，北京队以 20 多分的绝对优势获胜。正当
北京队即将进入全盛时期，黄频捷入选国家队也是板上钉钉之际，
"文革"来临，全国陷入十年动乱，所有运动队都停止了训练。这
对于年仅 19 岁，事业正突飞猛进的运动员来说，是一件多么痛苦
的事！黄频捷对队友说，这么下去不是事儿，于是他和几个队友
悄悄恢复了训练。在 1970 年恢复全国篮球比赛后，坚持训练的黄
频捷成了最耀眼的明星。那年，北京队与国家队在北京体育馆进
行了 4 场比赛，北京队 3 胜 1 负；接着在其他场地比了 4 场，北京
队还是 3 胜 1 负。由此可见北京队的实力。

"文革"前，中国队同欧洲球队比赛，除与苏联队有些差
距，欧洲前几名的球队都曾击败过。1959 年，中国队战胜欧
洲篮球锦标赛冠军匈牙利队和第三届世界篮球锦标赛第四名保
加利亚队；1964 年，战胜第十八届奥运会第六名波兰队。

而"文革"后，面对刚获得世界冠军的南斯拉夫队时，中国
队竟输了 40 分。尽管如此，黄频捷在比赛中的表现仍旧抢眼。当
时，被誉为"世界第一中锋"的乔西奇频频轻松得分。黄频捷看
准他准备反身投篮，就从他身后高高跃起，给他一个利索的盖帽。
乔西奇一怔，没想到比自己矮 20 多厘米的中国小伙子竟能给他
"盖帽"。赛后，乔西奇对媒体说："中国队有五个黄就可以拿世界
冠军。"国际奥委会主席基拉宁来华访问，看了中国的一场篮球比
赛，称黄频捷是具有世界水平的篮球运动员。

黄频捷担任中国男篮队长期间，率领中国队一共拿了 3
次亚洲锦标赛冠军和 1 次亚运会冠军。

黄频捷 1979 年退役，上了两年大学，此后带了几年北京

青年女篮。他于 1987 年担任仅获全国第 15 名并濒临降级的北京女篮教练，只用一年就带队拿到全运会第六名。接着，他带中国青年女篮，培养出李昕、李冬梅、初惠、刘军、何军等一批国手。此后，他当选北京市人大常委会委员。

1990 年，北京篮球队脱离市体委去首钢。黄频捷没有随队，先后做过北京市体委讲师团培训教练四年，出国教授篮球四年。此后，他在篮球俱乐部和高校教授篮球，编辑出版篮球教科书和教学光盘，在电视等传媒上做篮球评论，发挥了一位篮球名宿的社会作用。

7 草原上绚丽的彩霞：陈丽霞①

陈丽霞

陈丽霞是北京师院附中 1968 届初中毕业生。其父亲是商务印书馆著名俄文翻译家陈大维，"文革"初期不幸被迫害致死。陈大维的 6 个子女中，陈丽霞排行老四，16 岁时背着家人和学校，与另外两名初一同班小女生躲在火车的厕所里，奔赴内蒙古锡林郭勒盟东乌旗牧区插队。事后，经她们

———————————

① 本部分转自《百年回首》一书。

再三恳求，家人才把她们的户口本和行李寄到草原。阿尔山宝力格大队的知青是 10 男 10 女，她们中途加入打破了男女比例。这 23 名知青，除陈丽霞外，若干年后都陆续离去，唯独陈丽霞只身一人在茫茫草原一待就是 45 年。

一同插队的同学马晓力后来写道：

1973 年初夏的一天傍晚，我放羊暮归，刚拴好马，见陈丽霞坐在水缸车旁望着天边发呆。我甩响马鞭惊醒她，她指指天边说："你看，草原多美呀！"只见辽阔天空布满一抹一抹的火烧云，红一片紫一片，像一幅水墨画高悬空中；而绵延的远山被霞光勾勒得清晰可见，我陶醉在这大自然赐予的无限美艳中。忽听陈丽霞喃喃自语："草原这么美，咱们都别走啦。"我一愣，整理着自己思绪说："长安虽好，不可久留，我已听说你和钱达门的事了，你可想好了，可是一辈子呀！就这三个字'一辈子'，一辈子留在草原，我是不行，你行吗？"陈丽霞此时木讷地，眼睛直直地望着天际红霞，淡淡地吐两个字："我行！"

这一年，21 岁的陈丽霞嫁给当地一名普通牧民。我们作为娘家人为她操办了婚礼，我的感觉是又一个昭君出塞了。从此，丽霞像是系在我心上的一块心结，总也对她惦念不已。

1988 年 8 月，我带了智力支边考察团的十几人回到我插队的草原，相隔 14 年，第一眼见到陈丽霞几乎不敢相认。只见她满脸皱纹，皮肤黑黢黢的，穿着一身破旧深绿褪了色的蒙古袍，头上还蒙着颜色发乌的布，与牧民老乡一模一样，当时一阵心酸，眼泪止不住地如泉涌出。可她却面带笑容，坦然地说：好不容易见面了，应该高兴啊。接着便像当地老乡一样忙着烧茶招待来客。令我惊讶的是，她端给每位来客的竟是一碗空黑茶，一滴奶都没有。她难为情地说：家里没有奶牛，烧不了奶茶给大家喝，真对不起。草原上喝不起奶茶，那就是生活境遇最不堪的人家了，可见她当时的生活有多窘迫。

1991年8月，经过众多知青的艰苦努力，《草原启示录》出版了。编委会组织向草原赠书活动，完成赠书后，我们相约一起回队去看丽霞。那年她已在草原留守了23年，此间她的家境有了不小变化，盖起一座土坯房。同来的几个知青都与丽霞争相拥抱，大家都是泪水汪汪，丽霞依然故我，这次端出的是奶茶了。我们给她带来不少礼物，当晚大家挤在她家的大通铺上睡了一夜，好像回到当年的蒙古包。1993年8月，还是那帮当年的知青，回访第二故乡，很多人带了自己的子女，让他们来体会父母当年插队的生活。我们又去看丽霞。这次她家盖起三间宽敞的砖瓦房，生活真正好起来，但人却更像牧民了，知青特有的影子越来越少。1996年7月，我带央视《走过青春》摄制组去采访丽霞，导演请丽霞留言，她郑重写下了：我爱大草原。

九曲十八弯的锡林河，在草原上婉转流淌，"锡林郭勒不是梦，你是我的母亲。"在我心里还有一首诗，那就是陈丽霞，她好似漂流天际的红云，是摄人心魄的霞光。

2013 年 10 月，陈丽霞在北京病逝，61 岁。她是真正的草原女儿，她把情、她把魂、她把骨血融入了草原，她把整个生命注入草原，她是草原上一抹永远绚丽的彩霞。

8 圆蓝天之梦：师院附中校友组合研制新型战机

由于北京师院附中学生中军队子女多，学生考入军校和参军入伍的多，因此在海陆空三军、武警部队及政法机关工作的校友有很多，其中将军有数十人。20 世纪 90 年代公安部机关召开局级干部会，与会者中有 6 人是北京师院附中校友。

中国航空科技界有一个北京师院附中校友组合。他们不仅在航空技术方面有诸多突破性的发明创新，而且自筹资金，自组科研机构，为中国航空战机乃至航母战机等的发展做出重要贡献。他们就是被誉为"冲天一啸振长空"的"师院附中西北军校友"。

1968 年初恢复征兵后，部队从师院附中的老三届毕业生中共征召了 40 多名新兵。经过短期培训，多数新兵被分配到兰州空军各航空兵部队从事机务工作。他们自称"师院附中西北军校友"。后来也有其他时期入伍的海军、陆军的师院附中同学加入这个校友链。

师院附中与空军大院相距不远，历届同学中都有一些空军子弟，诸如东北老航校校长和人民空军创始人之一、空军副司令员常乾坤之子常砢，东北老航校重要成员和空军机关部门领导张孔修之子张佳兴，等等。

校友们与战斗机设计扯上关系，能在航空技术方面搞出如此多的发明与创新，还要从程昭武谈起。1949年北平解放前，程昭武在中学加入中共地下党，新中国成立后参军成为一名空军飞行员。程昭武在部队飞行时，就经常思考如何改进飞机，使之能够飞得更高、更远。他业余时间与河南省航模队合作，自费设计制作了多种外形新颖的鸭式飞机航模进行试飞。当时负责科研、装备发展工作的空军副司令员常乾坤得知此事后，特批了一笔科研经费。为了加强科研力量，上级派程昭武到西北工业大学，与该校的教师共同研发一款具备短距起降能力的新式运输机。1975年，根据国务院、三机部有关领导的指示，这个军民结合的科研小组开始将攻关转向战斗机的预研。该项目由从空军院校部副部长调到三机部军管组任负责人的张孔修具体领导。

当时，西北工业大学空气动力系即将毕业的傅前哨是北京师院附中1966届校友，因参与新式无人机试飞的电影动画部分制作得与程昭武相识。听了程昭武对新式战斗机设计思想的介绍，傅前哨热血沸腾，决定毕业后留校参与该机的设计、试制工作。由此，傅前哨开启了影响其后半生的飞机科研之路，继而带动了一批师院附中的校友参与其中。大家共同做起了中国军人的蓝天梦。

傅前哨在西北工业大学学习期间和毕业后，参与了程昭武领导的课题组的多项工作，并破解了一项重大难题。20世纪

80 年代初，程昭武、傅前哨等人被借调到空司科研部继续对新式飞机的研究工作。经空军副司令员曹里怀的秘书宋心之（北京第一〇一中学 1967 届高二生）向空军首长汇报，该研究被正式立项。程昭武、傅前哨等人开始进行以新式飞机的技术为基础、以"强 6"飞机为背景的方案设计和选型风洞试验。这项技术经过风洞吹风后，取得良好效果，相关实验数据令人惊喜。鉴于傅前哨的贡献，程昭武高兴地说，这个成果应该起名叫"傅式大板"。

1989 年，海军在某海域进行大规模演习，总参军训部参谋郭卫平（师院附中 1968 届高一三班）是观摩指导组的成员。在与海军同志研讨时，他深感中国必须发展自己的航空母舰。而研制航母首先需要解决固定翼舰载机上舰的问题，这其中最关键的又是短距起降能力问题。同年，在参加空军的一次演习时，郭卫平碰到了宋心之。他问宋，空军有没有短距起降技术？宋心之肯定地回答"有"，并告知研究此项技术的正是他的师院附中学弟。在宋心之的牵线下，郭卫平、傅前哨这两位师院附中的校友意外聚首。

郭卫平、傅前哨等人向海军有关部门汇报后，提出以侧板技术为基础研发一款轻型舰载战斗机的建议。该建议得到海军装备技术部综合计划部处长李长江（师院附中 1968 届高一四班）的大力支持。报海军副司令员贺鹏飞批准后，他们成立了课题组，并与西北工业大学合作，开始了新一轮的预研。1994 年，项目结题，以陆孝彭院士为组长的专家评审组认为："是目前国内外尚未见到的一种新的气动布局，采用的技术措施简捷，取得的气动收益显著，具有良好的应用前景。该项技术的研究成果属国内外首创。"作为中国著名的航空专家和强5、歼12、强6的总设计师，陆孝彭院士对此项技术给予了高度评价，建议下一阶段到生产风洞进行试验，并与有关的飞机制造厂合作。

空军航空工程部办公室科技处处长常砺（师院附中1966届初三二班）与贵州航空工业总公司领导比较熟悉。经他牵线搭桥，1996年6月18日，北京的郭卫平、傅前哨、常砺、宋心之等同志和贵州航空工业集团的飞机研究所、西北工业大学第三研究室组成了一个新的联合课题组。李长江作为海军装备部领导到会，将准备研制的轻型战斗机定名为"618飞机"。

研制一款先进的战斗机耗资巨大。军方虽然给予了一定的经费支持，但远远不够。为了解决这一问题，以及加强科研开发的自主性，1999年9月，以师院附中的校友和"西北军"的战友为主，大家通过个人集资、引进风险投资等方式，成立了北京超翼技术研究所有限公司。除郭卫平、傅前哨、常砺、宋心之投入自有资金外，张佳兴（师院附中1967届高二二班）、岳新华（师院附中1966届高二三班）、庞海池（师院附中1966届高三三班）、郑晨光（师院附中1966届高三二班）、张长甲（师院附中1966届高三四班）、康维颖（师院附中1967届初二四班）等校友，分别将自己多年的存款投入公司中，用于科研试验。这里，特别要提一下曾在航空兵部队某团担任机务副大队长和空中机械师的张佳兴。他在一起飞行事故中被严重烧伤，有一条腿被截肢，平时只能靠两只伤残的手摇着轮椅出行。但他无怨无悔地为超翼公司的事奔波辛劳，为两代航空人的蓝天梦费尽心血。

公司成立后，除了先期投入一部分资金进行618飞机方案的吹风试验外，自主完成的第一件事就是根据设计方案制作了一架1∶7的缩比验证机，并且试飞成功。2000年4月28日，中航一集团科技委组织4名院士和多位著名专家对该项技术进行了评审。评审组认为：该项技术是一项创新，突破了国外传统的气动布局方法，建议继续进行该项技术的研究开发，在保证安全的条件下进行验证机的试飞研究。2006年，海军装备部航科部主持对项目的结题进行了验收。

在研制618飞机的同时，超翼公司还研发出一些新的航空技术。其中，风斗叶栅技术的发明颇为传奇。

2003年，一位航空专家看到采用侧板鸭式布局的高机动攻击机模型后，希望能再开发出一种超短距起降和超低速飞行的新型航空器，以对付敌方的武装直升机、坦克、舰船等。常砢与傅前哨正好去沈阳验收618飞机的吹风模型。为了省钱，两人在火车站附近找了一间便宜的客房住下。心宽体胖的常砢很快进入了梦乡，呼噜打得山响。傅前哨被吵得睡不着觉，躺在床上进行"盲算"。凌晨4点多钟，傅前哨有了些眉目，便燃起一支烟继续思考。睡梦中的常砢闻到烟味，以为房间失火，一下子从床上惊醒坐起。就在这一刻，电光火石，他们灵感乍现，答案有了，一项新的航空技术随之诞生。随后，傅前哨写出了《CY—3"战场飞机"缩比验证机设计方案说明》。后来，超翼公司的人员开玩笑说，风斗叶栅专利技术是常砢的呼噜声打出来的。

回到北京后，大家对风斗叶栅技术进行了深入的分析研究，一致认为在原理上是可行的。若按常规的飞机设计、研制程序，光加工吹风模型就要支出 60 多万元人民币，风洞试验还需要几百万元。到哪儿去找这笔钱？他们决定冒点风险，反其道而行之，先做一架无人机进行试飞。制作无人机也是要花钱的，大伙只能靠凑，用集资的方式解决了第一笔加工款。

2004 年 9 月 1 日，无人机制作完成。9 月 5 日，超翼公司的相关人员在机场进行了无人机的首次试滑。上午 10 时左右开始试车。根据试滑情况，常砑建议进行首次试飞。作为主要设计者的傅前哨压力很大，无人机采用的技术没有经过验证，谁也不知道接下来会发生什么情况，万一上天后掉下来，几个月的心血白费不说，大伙集资的经费也打了水漂，怎么跟师院附中的校友和"西北军"的战友交代？经过研究并与无人机操纵员进行沟通后，多数人认为可以进行首试。

11 时左右，无人机被移到跑道上，正式开始试飞。发动机加大油门后，无人机滑跑了四五十米即离陆，爬升和空中平飞均很正常。在空中进行了收放 15 度襟翼的试验，飞机动态反应很轻微。4 分钟后，飞机平稳着陆。落地的瞬间，现场响起一片欢呼声，首飞成功！

第二次不放襟翼的试飞，依然顺利完成。

接下来，常砑又提出一个"恐怖"的建议：既然首飞已经成功，索性再跨一步，进行空中机动动作的试飞，把襟翼大角度放下来，改变叶栅内的空气流动方向，完成大机动动作飞行。傅前哨反对，哪有首飞当天就做这种高难度动作的？万一无人机的结构强度不足，拉大过载时空中解体怎么办？因试飞成功而兴高采烈的校友和战友却一致同意常砀的建议，都希望看看这架奇特的无人机能飞出什么样的动作来。于是，无人机第三次离地升空。飞机爬到较高的高度先后完成了横滚、半滚倒转、高空筋斗等动作，在完成了一个低空筋斗后着陆。事后，从飞行记录仪中看到，飞机最低飞行速度只有18公里/小时。试飞过程中，机场上的叫好之声不断。大家的心情随着试飞高潮的到来，提升至顶峰。搞科研总要有点冒险精神，而冒险成功之后的愉悦难以言表。在当天的庆功宴上，就连平时不喝酒的同志，也喝到微熏的程度。

2004年10月，超翼公司向国防专利局申报了"风斗叶栅"式机翼发明专利。当然，要想把这项中国人独创的新技术应用到有人驾驶的飞机上，还要攀登跋涉。但不管多难，师院附中的校友发展祖国航空事业的信心绝不会动摇。

在首都师大附中百年校庆之际，由校友组合研制的无人机在母校校园上空翱翔，航拍了盛大的庆典场面。常砀又一次指挥他们公司的无人机升空对母校进行航拍，顺利完成了学校多个角度的航空拍摄。同行的还有校友张亚军、校友会秘书长林小仲。张亚军校友向首都师大附中金晓莉书记赠送中国人民解放军99式主战坦克模型，以贺百年校庆。

【相关链接】

常砀，北京师院附中1966届初中毕业，1968年入伍，曾任兰空航空兵 36 师军械师，六航校理训处教员，空军航空工程部处长、研究员，空军指挥学院研究员；现任北京超翼技术研究所有限公司副总。

傅前哨，空军军事装备专家、著名军事评论专家。1963 年考入北京师院附中，1968 年参军进入兰州空军部队，后毕业于西北工业大学空气动力系，在多个领域取得众多成绩，多次立功获奖，1991 年被评为空军先进工作者，2000 年被中国科普作家协会授予"优秀国防科普作家"称号。

李长江，北京师院附中 1968 届毕业生，海军少将，海军装备部部长，主持建造中国第一艘航母"辽宁号"。2014 年首都师大附中百年庆典之际，李长江向母校赠送航母"辽宁号"模型。

傅前哨　　　　　　　　　　李长江

四　今日辉煌

新时期以来，首都师大附中在国家教育改革发展进程中持续担当领跑者的角色，不断迎接新挑战，把握新机遇，再上新台阶；探索发挥优质资源的辐射作用与先进文化的引领作用，以完善的体系、先进的模式、一流的成果成就现代教育的典范；恃百年积淀，创今日辉煌。

首都师大附中现任领导班子（2011年1月至今）：校长沈杰；书记金晓莉；副校长刘强、梁宇学、张国平。

【相关链接】

沈杰，女，毕业于哈尔滨师范大学，数学特级教师，首都师范大学硕士研究生导师，国家级骨干教师，全国模范教

沈杰

师，中国数学奥林匹克竞赛高级教练员。2011年担任首都师大附中校长。

1 新百年 新目标

建校百年之际，首都师大附中业已实现"国内一流，国际知名"的目标；面向新的百年，首都师大附中提出"国内领先，国际一流"的新目标。

"一二三"的育人指标

培养学生成为具备一种意识（责任担当意识）、两种精神（勇于探索精神、团队合作精神）和三种能力（自主学习能力、创新思维能力、动手实践能力）的厚德博学创新人才。坚持以学生为本的理念，鼓励学生自主发展，重视对学生创新能力和实践能力的培养。

"三二一"的办学特色

遵循育人规律，形成"三注重，两兼顾，一体现"的办学特色，即注重德育、注重实践、注重文化，全面发展与学有特长两相兼顾，处处体现学生的主体地位。

"四三二一"教育教学综合改革

"四"是"基础通修＋兴趣选修＋专业精修＋自主研修"的四修课程体系，学生在完成以国家、地方课程为主的通修课程后，可选择丰富的选修课程；"三"是指固定班级制、学长学部制和分层走班制相结合的三维立体管理模式，充分发挥学校教育的特殊作用；"二"是指尊重个性差异和注重因材施教两个育人原则；"一"是指做"为每一位孩子负责任的教育"。

办学规模适度变化

2011～2013 年，本校高中年级每年招收 10 个教学班，中美实验课程项目每年招收 2 个教学班（该项目目前在校 3 个年级共 6 个班）。高中阶段的办学规模保持稳定。为了缓解周边适龄儿童入学难题，扩大优质生源的选择面，尽力扩大招生规模。2013 年，新初一招生增加到 7 个班，办学规模逐步扩大。随着校园面积的扩大，办学规模将进一步调整。

探索拔尖创新人才培养模式

"高中创新教育实验班"于 2011 年获得上级批准，培养具有远大胸怀和强烈社会责任感、具有积极人生价值取向和科学严谨治学态度的高素养人才；培养具有宽厚扎实的知识基础、求真求实的实践精神和开阔前瞻的国际视野的高学养人才；培养具有创新精神、创新思维和创新能力，将来可以成为领军人物的高精尖人才。以五类导师——全职导师、学术导师、艺体导师、技术导师和心理导师为支点；来自校内的"全职导师"负责常规教学和教育管理，每人带四五名学生，对学生深入了解，每学期跟每个学生谈话不少于 10 次，定期与家长联系并记录、追踪相关情况，使学生受到精细化培养。近年来，高考进入北京市前 10 名的优秀毕业生绝大部分是经过这个实验班 6 年培养出来的。本校承担国家级教育体制改革项目"探索拔尖创新人才培养的模式"子课题"中学阶段应具备的基本素质及评价标准"，完成专著《拔尖创新人才的基本素质》《拔尖创新人才的培养模式与实践策略》。2011 年，本校荣获"海淀区高中课程改革实验工作先进学校"称号和"2010～2011 年度北京市基础教育课程建设先进单位"称号。

博识课

这是一门"走出去"与"请进来"课程，通过参观访问、专家讲座、交流探讨、实践制作、论文撰写等环节，融自然科学与人文科学为一体，是社会大课堂性质的综合校本课程。与本校签订合作协议的博识资源单位有近 20 家。学生可在全市 70 多个场馆开展各类博识活动，了解各学科知识的综合应用状况，掌握实践活动中解决问题的一般方法，开阔视野、拓宽知识领域。

"校长邀你听讲座"活动

邀请各领域的专家学者来校与学生进行近距离交流，带来最前沿的人文科技信息，帮学生开阔视野、丰富知识、提升认知能力。

综合素质评价

在综合素质评价中，充分吸纳教师的意见，指导学生全面而有个性地发展，注重评价的多元性，突出过程性评价、发展性评价和激励性评价，充分借助综合素质评价平台，促进自我评价、同伴评价、教师评价、家长评价的整合，使之成为学生、教师及家长共同参与的教育活动，充分体现综合素质评价在学生发展过程中的激励作用。

学生科研风生水起

2012 年，学校引入专职科技教师，成立学生科技活动中心，从信息学奥赛、机器人和模型等几个项目入手，加大投入。2013 年，学校被授予北京市科技示范校称号。学校建有一批校外创新人才培养的学生活动基地，对首都师范大学信息工程学院、物理系、生命科学学院，大钟寺博物馆，首都博物馆，中国科技馆，国家博物馆，汽车博物馆，中国海洋局等校外学生实践基地进行了挂牌。2013 年，学校被北京市科协认定为北京市科技后备人才培养基地，市科委、市科协等部门在科技项目上对学校进行资金专项投入。同年 12 月，学校科技部门承接的"海淀区中青少年机器人竞赛"活动顺利举行，海淀区 600 多名中小学生参赛。2013 年，学校被北京市青少年科技创新学院认定为翱翔计划课程基地，承接并完成北京市第七批翱翔计划学员推选和全市翱翔专项评审工作，来自全市的 1000 多名学生和 300 多位专家参加。近年来，翱翔计划对学校的创新人才培养专项经费逐步增加，学校申请的北京市创新人才培养重点实验室也正式获批。近年来，学校科技比赛成果显著，在信息学、机器人、模型、科技创新大赛、明天小小科学家、天文等多个项目上获得北京市、全国和国际奖项共 215 个，其中国家级一等奖 10 多个、市级一等奖 40 多个。2013 年，学校顺利完成北京市科技示范校的评审验收，跨入北京市科技示范校行列。

"校园之星"评选

每年年底采取"全民投票"的方式，由学生选出自己心目中的"校园之星"。"校园之星"分设"勤奋学习之星""文明礼仪之星""志愿服务之星""引领奉献之星""科技艺体之星""博识创新之星"等几个奖项。每年的新年联欢活动，校长亲自为学生颁奖。每年的五四青年节，成德达才校长奖学金举行颁奖仪式，由学生自主策划，各方面表现优异的同学和老师一同牵手踏过"红地毯"，登上领奖台。

2011年，学校荣获北京市基础教育学生综合素质评价工作先进单位称号；2013年在海淀区中学首批"德育特色星级学校"评选中，被评为德育课程建设四星级学校。

活跃的学生社团

学生的社团活动具有百年传统。早在正志中学、成达中学和三十八中时期，便有学生社团活跃在校园，学生会、读书会、歌咏队以及《成达文苑》《大众园地》等壁报曾为后世留下弥足珍贵的记忆；四十二中和师院附中时期，活跃在校园的篮球队、足球队、田径队、民族管弦乐队、合唱队以及文学刊物《新芽》《作文通讯》等更是熠熠闪光的亮点。进入新时期，学生社团活动呈现内容丰富、形式多样、成绩优异的新局面。

倡导学生社团活动，引导学生自主管理、自我教育，着力推动篮球队、舞蹈团、管乐团、通巴鼓团、动漫社、清风棋社、街舞社、天文社、青春基地广播电视台等一系列社团活动。活动内容与学生的兴趣紧密相连，有助于今后专业和职业规划。鼓励学生将很多有特色、有创意的活动以"节"的形式呈现，如"科技节""艺术节""读书节""春之声"等。在活动中，锻炼学生的策划能力和组织能力。传统的纪念"一二·九"远足活动荣获海淀区教育系统共青团干部技能大赛团队活动方案设计二等奖。2013年5月，中央电视台中学生频道将本校选为校园通讯站，定期采集相关素材进行报道。

教育教学成绩优异

　　遵循"高质量，轻负担"的思路，不断提高教学工作效率，不断提升教学质量，使学生整体成绩在保持传统优势的基础上不断提高。

　　2011 年，学校高考成绩取得新的突破：理科班闫睿同学以总分 693 分、高云天同学以 690 分的成绩分别获得北京市理科第三名和第五名；文科班钟林谷同学以总分 682 分的成绩排在海淀区第四名；理科班数学学科高考成绩在海淀区连续五年稳居第二；理科 61% 的统招生、文科 84% 的学生达到 600 分以上；文理科本科上线率均达到 100%。

2012 年，高考理科 600 分以上的学生占统招生的比例为 56.8%，理科统招生重点大学上线率为 98.7%，文科统招生重点大学上线率为 96.9%。

2013 年，高考 650 分以上学生共 120 余人，占理科统招生 50% 以上，占文科统招生 1/4 以上；600 分以上学生 300 余人，600 分以上各段人数继续位居北京市、海淀区前列；理科第一实验班平均分达到 684.3 分，全年级统招生平均分达 640 多分；文科实验班平均分达到 634.6 分，全年级统招生平均分达 630 多分，其中文科实验班赵静涵同学取得 689 分的佳绩，位列全区第三、北京市第六；统招生重点大学上线率为 100%。

体育运动成绩斐然，荣获"北京市体育传统项目学校"

学校从 60 年代初就开始广泛开展篮球运动。每班有男、女代表队，每学期都开展班级篮球赛。学校代表队在 1963 年北京市中学生篮球联赛中，获得男子高中第三名、女子初中第五名；在 1964 年北京市中学生篮球联赛中，获男篮 1948 ~ 1949 年龄组北京市第一名；在 1965 年海淀区中学生篮球比赛中，囊括初中、高中、男、女四组的第一名。学校培养了一批又一批优秀的篮球运动员和篮球爱好者，其中不乏成为全国篮球明星的同学。如 1966 届黄频捷成为 70 年代国家男子篮球队的运动员、队长。范小娟、侯小平入选中国人民解放军八一女子篮球代表队。陈美虹于1956年初中毕业后，曾是北京女子篮球队队员，后成为中国第一批国际女子篮球裁判。

20世纪80年代，学校开展了丰富多彩的体育活动。一年一次的"振兴杯"体育大赛，调动了学生参加各种运动的积极性。以班级为单位的篮球参赛队多达30余个。学校于1986年被北京市教委、北京市体育局命名为"北京市体育传统项目（篮球）学校"，1994年被命名为北京市重点传统校，1995年被评为全国先进体育传统项目学校，2010年1月被第五次命名为"北京市体育传统项目（篮球）学校"。校代表队多次代表区、市参加市级和全国比赛，其中市级比赛获冠军31次。

2005年获全国高中篮球锦标赛冠军

1990年获第八届北京市运动会男子篮球比赛第一名；1995年获第九届北京市运动会男子篮球比赛第一名；1998年获第十届北京市运动会男子篮球比赛第二名、耐克"三对三"

篮球比赛全国冠军并出访美国；1999 年获第七届全国中学生运动会男子篮球第四名；2002 年获第十一届北京市运动会男子篮球比赛第二名；2005 年获全国高中生篮球锦标赛男子组冠军；2006 年获第十二届北京市运动会男子篮球比赛第一名；2007 年获北京市青少年篮球锦标赛甲组第一名、乙组第二名、丙组第二名，北京市篮球振兴杯比赛第二名；2009 年获北京市中小学篮球联赛高中组第三名，北京市青少年篮球锦标赛甲组第一名、乙组第一名、丙组第二名；2010 年获北京市体校杯篮球比赛甲组第二名，北京市第十届运动会篮球比赛甲组第三名、乙组第三名，北京市中小学篮球联赛初中第二名、高中第三名，中国高中篮球联赛（北京赛区）第五名；2011 年获北京市传统校篮球比赛初中第四名、高中第四名，北京市青少年篮球锦标赛丙组第三名，北京市中小学篮球联赛初中第四名。高中第三名；2012 年获北京市青少年业余体校杯甲组第一名、丙组第二名，北京市金帆杯篮球锦标赛男子组第三名。

1990 年、1995 年、1998 年，学校三次获市运动会突出贡献单位奖；1994 年、1996 年、2000 年，学校三次获市级先进传统校称号；1995 年获全国体育传统校先进单位称号；1999 年获全国中运会北京代表团贡献奖。学校运动队多次获市级优秀运动队称号，2005 年获全国中运会体育道德风尚代表队称号。运动队的教练员也多次获得市先进工作者、市优秀教练员、市优秀体育教师和全国先进工作者称号。高中队获 2005 年、2011 年全国道德风尚运动队称号。

1986～2013 年，学校培养国家二级运动员 164 人、一级运动员 3 人，向高校输送 152 名运动员，向八一队、奥神队输送 12 名运动员，其中吴谦、胡克、许继龙等分别代表国家队、国家青年队、国家少年队出征国际大赛。近 20 年来，校篮球队共为清华大学、北京大学、中国人民大学、北京航空航天大学等高校输送 152 名优秀毕业生，其中部分学生已成为研究生和博士生。

2　领跑国际教育

首都师大附中国际教育开设早、发展快、特色鲜明，在北京市始终处于领跑位置。

开办国际部，招收外国留学生

2002 年 2 月，北京市教委批准首都师大附中招收外籍学生的申请。3 月，学校成立国际交流部。国际交流部每年招收 30～90 名外籍学生。这些学生分别来自韩国、美国、德国、匈牙利、捷克、墨西哥、泰国、加拿大、法国、巴拿马、哈萨克斯坦、塔吉克斯坦、俄罗斯、蒙古等国。最多同时有 7 个国家的 90 多名学生就读。根据学生的汉语水平，分设语言班、初级班、高一班、高二班、高三班。国际交流部组织教学严密有序，课堂教学因材施教。这些学生高中毕业后基本都升入清华大学、北京大学、人民大学、北京航空航天大学等优质高校。

国际交流部作为负责对外工作的机构，不仅可保证来校就读的外国留学生的生活学习，而且不断拓展对外交流，陆续与法国里昂的夏尔顿学府、泰国的皇家马可学校、日本的涩谷慕张学校、我国香港的圣士提反女中、美国的德怀特学校（The Dwight School）和捷门棠学校（Germantown Academy）建立了友好校关系。2007 年 10 月，学校被国家汉办批准为"汉语国际推广中小学基地"。

中美高中实验课程项目

2008 年，经北京市教委批准，学校开设了中美高中实验课程项目，成为北京市首个也是唯一一个与美国高中名校直接合作的公立普通高中。该项目每年招生两个班，每班 30 ~ 36 人，2014 年有 3 个年级在校生，总计接近 200 人。

2011 年，中美高中实验课程项目首批毕业生成绩喜人，所有毕业生通过了中国高中会考和美国大学委员会举行的全球性 AP 考试。其中，一些 AP 学科的满分率高达 86%，在参加美国大学委员会组织的各科 AP 考试中名列前茅；绝大多数学生获得美国大学理事会颁发的"AP 学术荣誉奖"，升入全美排名前 50 位的大学。2012 年，中美项目毕业生全部被美国名校录取，其中包括杜克大学、西北大学、斯沃斯莫学院等美国一流名校；中美项目 AP 考试（不包含 12 年级 AP 考试）和托福考试成绩突出，AP 考试所有科目的平均满分率达到 71.7%，优秀率达到 88.9%，托福平均 100.6 分，最高分达到 116 分。2013 年，中美班 55% 的毕业生拿到美国排名前 30 位的大学录取通知书，90% 的毕业生拿到美国排名前 50 位的大学录取通知书；托福成绩平均 100 分以上，SAT 成绩最高达到 2300 分。

开办美国孔子课堂

2009年，国家汉办批准本校与美国费城捷门棠学校（Germantown Academy）合作，在该校建立孔子课堂。2012年，捷门棠学校举行孔子课堂开幕仪式，中国驻纽约领事馆教育参赞岑建华莅临并宣读国家汉办许琳主任的贺信，宾夕法尼亚州官员发表贺词并带来了宾州州长的贺信，沈杰校长出席仪式并发表讲话。

孔子课堂

本校以捷门棠孔子课堂为依托，现已开设中小学生汉语考试（YCT）、中国汉语水平考试（HSK）及商务汉语考试（BCT）考点。借助孔子课堂的平台，首都师大附中在海外积极推广汉语语言文化。2012年12月，第七届孔子学院大会在北京召开，孔子学院总部表彰了26个先进孔子学院（大学）、4个先进孔子课堂（中学）。首都师大附中本校孔子课堂合作校捷门棠学校以优异的表现和成绩位列其一，获得"先进孔子课堂"荣誉称号,国务委员、孔子学院总部理事会主席刘延东给捷门棠学校颁发了奖牌。

对外交流活动质量逐步提高

本校对外交流历史悠久,先后与法国、德国、美国、英国、日本、新加坡、泰国、马来西亚、澳大利亚、新西兰、瑞典、韩国等十多个国家建立友好交流关系。2008 年,本校被国家汉办评定为"汉语国际推广中小学基地",每年的外事交流活动频繁。近年来,本校多次出色完成教育部、国家汉办、北京市政府、北京市教委、海淀区教委等上级单位下派的各种教育外事工作任务,每年都要接待捷门棠学校师生、"国际学生夏令营"的美国师生、美国大学的招生办工作人员、"美国总统奖"优秀高中生代表团、马来西亚中文教师研修团以及泰国、日本、新加坡等国家友好校的教师代表。2012 年,本校被中国对外友好合作服务中心授予"对外友好交流示范校"称号。

3 率先成立现代化教育集团

为解决教育均衡发展问题,北京市教委倡导优质名校在教育相对落后的区域承办分校区,采用统一管理、输送优秀教师、教师结对、教学资源共享等方式,带动区域教育水平的提高,解决社会对优质教育资源的广泛需求。首都师大附中与海淀区、大兴区、门头沟区、通州区、昌平区等地方政府及万科集团合作,承办了第一分校(西校区,原海淀区育强中学）、首都师大二附中（海淀区）、永定分校（门头沟）、大兴南校区（大兴区）、大兴北校区（大兴区）、百望山校区（海淀区）、昌平分校（昌平区）、通州校区（通州区）等分校和分校区，组成首都师大附中教育集团，实行集团化的管理。

集团组织学校领导和资深专家成立"学校发展指导团"和"学科发展指导团"，通过深入调研，制定符合分校特色的发展规划，对集团成员校进行综合或专项诊断式评估指导，帮助其完善发展策略，培植发展特色；通过名师工作站的方式，发挥资深教师传帮带作用，帮助分校教师逐步提高专业水平。结合现代化教育技术，利用远程视频会议系统，常态化地开展远程同步课堂、同步教研、同步培训活动，实现教研活动的融合；形成科学的管理机制、完善的师资培养体系、丰富的优质课程和精致的学生培养方式，引领集团成员校再上新台阶。

分校及分校区

2013 年，大兴南校区中考成绩由以往的大兴区倒数几名上升到全区第 13 名。

2014 年，永定分校被评为北京市优质高中校，第一分校学生的学习成绩从八校联考的各科最后一名跃升为第一名。

教育科技逐步升级

学校成立"数字校园规划筹备委员会"，确定数字建设基本方案。随后，完成数字校园项目的建设。"视频档案检索、编码、点播与备份""504 多媒体机房改造""数字播报系统""实验楼综合布线"等项目顺利实施，通过验收后已投入使用。完成中美班教室多媒体设备购置项目、部分教学设备升级改造项目、网络中心机房搬迁项目的论证和专项申报工作。根据课改需求引进的"新课改管理系统"经过修改完善，目前已基本适合学校课改使用。"校园一卡通"、"学生一体化信息系统"和"教育管理信息标准化"三个项目都已完成招标。

4　百年庆典

学校领导对百年校庆十分重视，早在 2013 年就成立校庆筹备办公室，组织校友会换届选举，制订校庆方案。自 2013年 12 月起，学校每月举行一次校内校庆活动，继承"成德达才"之传统，弘扬"教育报国"之精神，广泛联系校友及国内外友好学校，深入研讨现代教育之精髓，积极探索未来教育之路径，传承百年积淀，开创辉煌新百年。

2014 年 10 月 1 日，学校举行盛大百年庆典暨校友返校活动。中共中央政治局委员、国务院副总理刘延东发来贺信；欧美亚诸国多所友好学校及孔子学院的代表来校竞相致贺，并举行现代教育研讨会；举行大型文艺史诗《摇篮》演出，"徐树铮、何其巩等前辈巨擘悉数登台"，重现百年辉煌；莘莘学子继往开来，拥抱新的百年。

后 记

在迎接百年校庆之际，遵照"十二五"国家重点出版图书规划项目"中国史话"系列丛书编委会要求，我校组织编著"百年名校史话"之一《首都师大附中史话》一书，"旨在梳理和展现本校历史文化精髓，使社会各界清晰地了解学校的发展历史、办学理念和学校在推动社会发展及中华文明进程中起到的作用与贡献"。同时帮助师生和校友知我校史，传承使命，成就梦想。诚然，这是一件功在当代、益在千秋的好事。我校将本书的编著出版，纳入百年校庆筹备工作之中，与同时编著出版的《百年历程》（校史）、《百年回首》（校友回忆荟萃）、《杏坛群英》（历届教职工名录）等图书一并作为百年校庆的献礼。

按照编委会的要求，本书以学校概述、历史回溯、名人名家和现代风貌四个基本部分组成。"学校概述"以时间为序，重点叙述学校在各个历史时期的发展概况。"历史回溯"介绍学校发展历史上具有较大轰动效应的事件，尤其以民国或新中国成立初期的事件为主。"名人名家"介绍学校培养出的一些名人，尽量以历史人物为主。"现代风貌"介绍学校现代的发展状况和发展远景等。对应上述构架，本书谋定"百年薪火""峥嵘岁月""桃李芬芳"和"今日辉煌"四个篇章。如此形成了本书的内容倾向，即重在历史，重在事件，重在人物，不求全面与系统，但求写人叙事具体生动，富有代表性。与《百年历程》《百年回首》和《杏坛群英》等书在内容上互有取舍、互有交叉，在风格上互有短长、交相辉映，共同为读者和校友勾画出百年名校的整体风貌和历史全程。

执笔编著者为艾群。他于1957～1963年在本校就读，后考取北京大学，毕业后长期从事新闻出版工作，校庆期间参与了《百年历程》和《百年回首》的编写。他把满腔热情与严谨的写作态度结合在一起，查阅了北京档案馆所有与本校有关的资料，翻阅了大量回忆文章，走访了多位老教师、老校友，精致生动地记录了首都师大附中百年来的历史精华，很好地完成了编写任务，达到了编委会的要求和学校的预期。另外，此书部分内容选自《百年历程》和《百年回首》二书。在此对参与两书编写的作者，以及给予编写工作大力支持的行政干部、校庆办工作人员表示感谢！

由于年代久远、史料缺失等原因，本书肯定会有诸多遗漏和谬误，诚请读者不吝指正，以期百年校史逐步修补完善。

首都师大附中党委书记　金晓莉

史话编辑部

主　　任　袁清湘

成　　员　（以姓氏笔画为序）
　　　　　　王　和　　王　敏　　王玉霞　　连凌云
　　　　　　范明礼　　周志宽　　高世瑜　　韩莹莹

行政助理　苏运才

图书在版编目（CIP）数据

首都师大附中史话/艾群编著. —北京：社会科学
文献出版社，2015.11
（中国史话）
ISBN 978 - 7 - 5097 - 7253 - 9

Ⅰ.①首…　Ⅱ.①艾…　Ⅲ.①首都师范大学附属
中学 - 校史　Ⅳ.①G639.281

中国版本图书馆 CIP 数据核字（2015）第 052967 号

"十二五"国家重点图书出版规划项目

中国史话·文化系列
首都师大附中史话

编　著／艾　群

出 版 人／谢寿光
项目统筹／宋月华　谢　安　责任编辑／韩莹莹

出　　版／社会科学文献出版社·史话编辑部（010）59367143
　　　　　地址：北京市北三环中路甲 29 号院华龙大厦　邮编：100029
　　　　　网址：www.ssap.com.cn
发　　行／定制出版中心（010）59366509　59366498
　　　　　市场营销中心（010）59367081　59367090
　　　　　读者服务中心（010）59367028

印　　装／三河市尚艺印装有限公司
规　　格／开 本：889mm×1194mm　1/32
　　　　　印 张：6　字 数：126 千字
版　　次／2015 年 11 月第 1 版　2015 年 11 月第 1 次印刷
书　　号／ISBN 978 - 7 - 5097 - 7253 - 9
定　　价／25.00 元